*Rich*致富 **358**

NFT大未來

理解非同質化貨幣的第一本書！
概念、應用、交易與製作的全方位指南

NFT 레볼루션
현실과 메타버스를 넘나드는 새로운 경제 생태계의 탄생

成素羅 성소라、羅夫・胡佛Rolf Hoefer、
史考特・麥勞克林 Scott McLaughlin　著
黃莞婷、李于珊、宋佩芬、顏崇安　譯

 高寶書版集團

前言

歡迎來到 NFT 世界

從 2021 年年初開始，NFT 和比特幣、元宇宙等火熱關鍵詞鬧得全世界沸沸揚揚，新聞一波接一波，是「無可取代」的重點新聞。

「推特聯合創始人傑克・多西（Jack Dorsey）於 2006 年發的第一條推特，以非同質化代幣（NFT）形式拍賣，得標價為 290 萬美金（折合台幣約 5,700 萬元）。」

——2021 年 3 月 6 日

「本名麥克・溫克爾曼（Mike Winkelmann）數位藝術家 Beeple 的 NFT 集錦作品〈每一天：最初的 5,000 個日子〉（*Everydays: The First 5,000 Days*），在國際知名的佳士得拍賣行拍出了 6,930 萬美金（折合台幣約 19 億元）天價。這是繼傑夫・昆斯（Jeff Koons）與大衛・霍克尼（David Hockney）之後，在世藝術家第三高價的作品。」

——2021 年 3 月 11 日

「與佳士得並列全球兩大拍賣行的蘇富比拍賣行，以 1,180 萬美元（折合台幣約 3 億 2 千萬元）拍賣了加密龐克（CryptoPunks）#7523。被稱為 NFT 始祖的加密龐克，是被稱為『龐克』的 24×24 像素藝術角色系列作品。當天拍賣的龐克 #7523 是 9 個『龐克外星人』中，唯一戴口罩的稀有外星人角色。」

——2021 年 6 月 10 日

「哇，這個世界的運作法則到底是什麼？NFT又是什麼？」

大家看見 NFT 相關報導中的「億」時，是否浮現過這種念頭？現在正在讀這篇序言的你，大概是因為想從過去幾個月無數的 NFT 坊間傳聞和謠言中找出更正確的資訊，才拿起了這本書吧。

「人們到底為什麼會花上億元買網上可以隨便按『讚』，也能無限『複製』的數位圖檔呢？」

你也有可能是遍尋不著這個問題的具體答案，太過納悶才翻開這本書；如果你是一名內容創作者，你有可能是因為好奇 NFT 將會為內容創作者帶來何種經濟時代的變化；如果你是收藏家或投資者，你有可能是想從這本書找到關於 NFT 投資價值的答案。

在進入正文之前，容我先進行簡單的說明。NFT 是「Non-Fungible Token」的縮寫，譯為「非同質化代幣」或「不可替代的

代幣」。比特幣（BTC）、以太幣（ETH）等加密貨幣，是具有一致性與等值性的「同質化代幣」（Fungible Token，FT）。NFT 不同於加密貨幣，各自有著獨一無二的價值，具備稀有度，意思是 NFT 無法相互取代。舉例而言，你穿上了 Nike T 恤去看韓國團體防彈少年團（BTS）的表演，幸運的你在走廊上遇見防彈少年團成員，他們替你穿的 T 恤簽名。這樣一來，你的 T 恤是不是就變成了無法拿其他 Nike 同款商品交換的、不可替代的 T 恤呢？就是這個道理。NFT 是把特定加密資產的所有權與交易明細儲存於區塊鏈的代幣。所以無論何時何地，人人都能確認該加密資產的所有權歸屬、追蹤與證明交易內容。NFT 活用此項特性以誕生出特定價值代幣，如藝術品、遊戲道具和房地產等等。

眾所周知，NFT 到 2021 年才出現在人們的日常對話中，大約在 2020 年底開始出現「大手筆」NFT 交易，並在全美各地引爆熱議。在此之前，NFT 不過是受眾有限的利基市場。

事實上，NFT 的歷史可回溯到更早之前。2017 年，加密貨幣價值暴漲，採用 ERC-721 標準協議的以太坊虛擬養貓遊戲「謎戀貓」（CryptoKitties），可說是基於以太坊的 NFT 市場開端。可愛的貓咪快速颳起一股旋風，引發投機者關注，一度佔據以太坊交易總額的 20%。然而，這波熱潮沒有持續太久。這是由於謎戀貓造成以太坊網路塞車，使得交易手續費上調，2018 年的加密貨幣價值暴跌也造成巨大的影響。

不過幾年後，NFT 市場捲土重來，在 2021 年迎來全盛期。以

2020 年 6 月 1 日為準，NFT 前一年的作品交易總額達到 200 萬美元（折合台幣約 5,500 萬元），隔年交易總額超過 5 億美元（折合台幣約 137 億元），幾乎增加了 250 倍以上。這意味著 NFT 不再是小規模市場。到底發生了什麼事呢？

2020 年 12 月，Beeple 的 NFT 作品以當時數位藝術史上最高價 350 萬美元（折合台幣約 9,700 萬元）成交，成為許多人對 NFT 產生興趣的起點。幾個月後，NFT 市場迎來爆發性成長。大家還記得有著果醬吐司身體，飛行時會留下彩虹痕跡的彩虹貓（Nyan Cat）嗎？十年前，人氣網路角色彩虹貓在 YouTube 公開後點擊率高達數億次，在 2021 年 2 月迎來誕生十週年時，以 NFT 重生，售價 58 萬美元（折合台幣約 1,500 萬元）。

再讓我們看看體壇吧。2021 年 12 月，美國 NBA 運動員勒布朗‧詹姆士（LeBron James）的灌籃影片，在球員卡平台 NBA Top Shot 市集，以約 20 萬美元（折合台幣約 550 萬元）成交，舉世震驚。另外，在音樂市場，化名「3LAU」的知名 DJ 賈斯汀‧布勞（Justin Blau），在 2021 年 2 月靠拍賣 NFT 唱片與特別經驗「交換券」，賺入約 1,168 萬美元（折合台幣約 3 億 2 千萬元），創下當時 NFT 最高單筆交易額的紀錄 360 萬美元（折合台幣約 9,900 萬元）。幾週後，Beeple 的〈每一天：最初的 5,000 個日子〉以 6,930 美元（折合台幣約 19 億元）打破記錄，而 Beeple 的作品拍賣，是在全球最大藝術拍賣行之一的佳士得進行，更是意義深遠。這是一個警示訊號，暗示 NFT 在保守的制度圈內成為了不容忽視的市場。

NFT，像是不能錯過卻又難以抓住的快速列車，我們該如何是好？該做些什麼好呢？

「我好像得了NFT錯失恐懼症[*]，但一想到幾年前的比特幣惡夢，光聽到『加密』（Crypto）這個字就讓我有點……」

你也許記得幾年前席捲全韓國的加密貨幣熱潮與它的沒落。在 2017 年年初，以約 900 美元（折合台幣約 2 萬 4 千元）成交的比特幣，在同年 12 月飆到 2 萬美元（折合台幣約 55 萬元）。以太坊則是比特幣的一種替代方案。隨著加密貨幣價值的飆漲，大批投資者湧入了韓國加密貨幣交易所。實際上，在首爾不管去到哪都能感受到這股熱潮，咖啡廳、餐廳、學校和公司等公共場所，包括年長者在內，所有人趨之若鶩，全都在討論比特幣和其他各種加密貨幣的話題。當時加密貨幣價格暴漲，購買需求增加，韓國交易所的比特幣成交價格一直高於他國，最高曾達到 50%，形成了「泡菜溢價」（Kimchi Premium）^{**}。

過熱現象雖來得突然，卻是意料之中。因為對於生活在艱困時代的年輕人來說，加密貨幣投資的資本門檻較低，若幸運的話，短時間內獲取高報酬不是問題，幾乎可以視為翻身致富的唯一手

---

* 　譯注：錯失恐懼症（Fear of missing out，簡稱 FOMO），又稱社群恐慌症，指因患得患失所產生持續性的焦慮。
** 　譯注：指韓國國內以高於海外價格交易加密貨幣的現象。

段。根據 2017 年年底韓國某機構以 941 名上班族為對象進行的問卷調查結果來看，有 30％以上的作答者表示有接觸比特幣等加密貨幣投資。

時至 2018 年，韓國政府為了防堵投機熱潮、維持市場穩定性，推動強力打壓政策，迫使泡菜溢價現象消退，投資者對加密貨幣的熱情也跟著退燒。不僅韓國，各國政府和大型投資機構對加密貨幣多抱持負面或觀望的態度，也帶頭平息了加密貨幣熱潮。還有，像韓國國內外各種加密貨幣交易所的利空因素，也發揮了一定效果。從 2018 年年底全球加密貨幣市場情況來看，比特幣從 2017 年 12 月創下歷史最高價約 2 萬美元（折合台幣約 55 萬元），下跌 80％到約 3 千美元（折合台幣約 8 萬 2 千元）；以太坊也從 2018 年歷史高點 1,148 美元（折合台幣約 3 萬 1 千元）暴跌 90％到 100 美元（折合台幣約 2,700 元）。整體社會不看好加密貨幣，認為這個無實體又無用武之地的不穩定數位資產迎來結束是必然的，加上許多散戶賠錢後退出市場，第一次的加密貨幣熱潮就此落下帷幕。

「世界正在改變，不想再錯過機會！」

隨著時間的推移，進入 2021 年，全球加密貨幣熱潮再起，韓國交易所的泡菜溢價現象也捲土重來。比特幣於 4 月突破 6 萬美元（折合台幣約 160 萬元）大關，是 2017 年第一次暴漲期最高價格的 3 倍以上，以太幣也在 5 月達到 4,400 美元（折合台幣約 12 萬

元）。尤其是掀起全球熱潮的 NFT。NFT 市場主要集中在以太坊平台與以太幣，使得以太幣價值飆升。雖然以太幣的市值尚不及比特幣，但交易量遠超過比特幣。大概很多人看著再次「炙手可熱」的加密貨幣市場，會這麼想吧：「啊，要是能回到過去就好了！」

要是能回到 2011 年，砸大錢交易當時價值只有幾美元的比特幣後，再回到現在，該有多好！不，錢固然重要，但若從一開始就能洞燭先機，搶先看出新技術區塊鏈的萌芽，先行搶占改變世界的巨大脈動中心之地該有多好，就不用像現在一樣，只能處在變化的邊緣，想像置身中心的刺激感。

也許我們患的不是 FOMO，而是「FOMOA 症」。我們不是害怕錯失機會（Fear of Missing Out），而是害怕「再次」錯失機會（Fear of Missing Out Again）。世上有很多 FOMOA 症患者，2020 年初的 Beeple 成了引爆全球關注 NFT 的導火線，哪怕到了現在也還是進行式，對吧？

不僅國外，許多韓國國內的內容創作者、收藏家和投資人都紛紛為 NFT 市場添柴加薪。2021 年 3 月，韓國首次舉辦的 NFT 藝術品拍賣會上，Mari Kim 的作品〈Missing and Found〉以 288 以太幣（折合台幣約 1,300 萬元）＊得標，成為熱門話題。另一位創作者 YOYOJIN 舉辦了個展「Sound, Drawing」，那是韓國首次將部分的實體展出作品製作成 NFT 的展覽。在展覽期間也同步拍賣作

＊　譯注：加密貨幣價值漲跌大，此處幣值以原文的 6 億韓元進行換算，不代表現今價值。

品，備受大眾矚目。

　　聚焦於加密藝術品的韓國 NFT 熱潮，隨著時間推移，正擴大到其他產業，特別是有著深厚粉絲基礎的韓流（K-POP），與擁有數位著作權的 NFT 的相遇，令人期待會發揮何等強大的綜合效應。舉例來說，2021 年 4 月韓國偶像組合 A.C.E 成為第一個製作 NFT 小卡的韓流歌手，獲得了粉絲的熱烈回應。類似的例子還有韓國圍棋九段棋手李世乭。李世乭在 2016 年人機對奕時，上演擊敗人工智慧 AlphaGo 的傳奇對決，也於 2021 年 5 月發行 NFT。近期，韓國 Kakao 子公司 Ground X 主導開發的區塊鏈平台 Klaytn，不是也推出了人人都能輕易發行 NFT 的 Krafterspace 鑄幣服務嗎？

　　2021 年下半年，NFT 從各個領域滲透人們的日常。2021 年 5 月初，全球 NFT 市場總交易額創下歷史新高點，但在這之後活躍度直線下降。有人因此擔憂 NFT 市場是否開始泡沫化，反之也有人樂觀看待，認為從長遠來看，這不過是單純的市場整理。到了 8 月中旬，全球 NFT 交易額重返飆升趨勢，再次創下歷史新高。我們能肯定的是，引領 NFT 市場成長的引擎不光是 NFT 收藏市場，還有遊戲、元宇宙內的不動產交易等等，隨著 NFT 技術發展而變得更加多元。

圖 0-1　NFT 交易額每週變化（2020.8 ～ 2021.8）

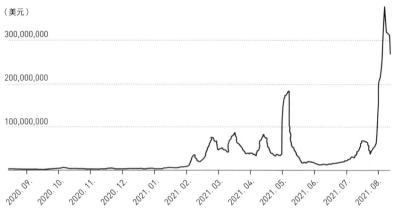

出處：nonfungible.com

圖 0- 2　用於 NFT 交易的加密貨幣錢包數量每週變化（2020.8 ～ 2021.8）

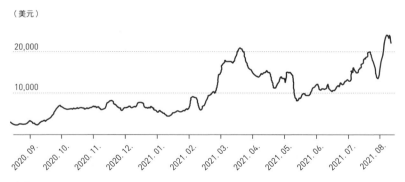

出處：nonfungible.com

FOMOA！順著這股氣勢，說不定 NFT 不再是部分加密貨幣投資者的短暫投機熱潮，而是從根本上改變我們所有人生活的「下一件大事」（Next Big Thing）。正如我們現在無法想像沒有網路的世界，說不定幾年後，我們很難想像沒有 NFT 的日常。許多人覺得 NFT 的有趣之處，正是它難以預測的未來。正在讀這本書的你怎麼想呢？

歡迎來到走向眾多產業的NFT世界

本書為了讓大家更深入了解 NFT，以現今 NFT 市場發生過的眾多事件為基礎而成，並探究 NFT 市場的多元面貌、NFT 熱潮帶給我們何種啟示、NFT 何以找上 2021 年的我們，及其未來的機會與可能性，同時我們也會提及 NFT 市場的漏洞與風險。畢竟 NFT 市場還處於初期發展的階段，許多制度未臻完善。與此同時，也有人高唱批判論調，主張 NFT 的市場變動性有如 2017 年的首次代幣發行（Initial Coin Offering，ICO）一樣不穩，懷疑它不過是轉瞬即逝的投機泡沫。

本書全體作者都確信，就算無法與 2021 年年初讓全球陷入 NFT 狂潮的 Beeple 作品〈每一天：最初的 5,000 個日子〉媲美，但愉快的「每一天」正與 NFT 攜手向我們走來。最令我們興奮的是，NFT 並非未來的終點站，我們正在通過 NFT 編織更具體且範圍更廣的「代幣經濟」（Token Economy），所以，我們期許跟各位一

起放眼未來，展開一場 NFT 冒險。

　　請肆意想像吧！藝術家自己也未能認知的創作火花被代幣化（tokenization），永存於無數網友的記憶中。音樂家與觀眾分享的特別舞台「瞬間」，能透過名為代幣的媒介，傳遍世界每個角落。還有，對某個珍惜這種無以名狀瞬間之美的人，送上名為「所有」的禮物。我們藉由包含著「所有」價值的代幣，超越時空間限制，形成文化共同體，邁向自動自覺發展的世界，光想就很開心吧？

　　過去陌生的 NFT 一詞，不知不覺間變得耳熟能詳。NFT 具有能驗明「正版」數位作品，並賦予其「稀缺性」的特性。由於這些特性，使它以重視作品獨特性的藝術市場為中心迅速擴張，如今影響力已超越了藝術，擴展到各種能進行所有權交易的領域。在此過程中，人們的普遍常識也起了變化，過去被認為是知識的事已逐漸變成常識。隨著個人價值觀與生活方式的改變，各種產業與組織環境也隨之改變。因此，NFT 藝術或區塊鏈技術等，不僅是流於表面的新現象，我們希望各位能一併思考這些現象所帶來的宏觀變化。我們現在看到的只是 NFT 無窮潛力中的一小部分，還有更多的機會正在等待被實現。

　　讓我們以 FOMOA 為跳板，敲開 NFT 無限潛力的大門吧。

目錄
Contents

目錄
Contents

第四部分　NFT 的價值評鑑

第五部分　NFT 市場的現在與未來

目錄
Contents

第一部分

NFT 時代來臨

1　什麼是 NFT ？

　　如果要挑選 2021 年的代表詞彙，最近紅翻天的非同質化代幣（NFT）應該能成功上榜吧？ 2021 年 3 月，數位藝術家 Beeple 的 NFT 集錦作品〈每一天：最初的 5,000 個日子〉在國際拍賣行佳士得拍出了 6,930 萬美金（折合台幣約 19 億元）的天價，引發全球 NFT 熱潮。「Beeple」在短時間內成為 NFT 代名詞，搞不好不久後會出現「Beeple 化」這種新興形容詞。優步（Uber）延伸出的「Uber 化」一詞，帶來了「隨選服務」（on-demand）的廣大市場，透過 NFT 擴散的代幣經濟，「Beeple 化」早晚會到來吧？

　　除了 Beeple，還有不少名人高價出售 NFT 作品，蔚為話題。小眾市場 NFT 原本被視為加密市場早期採用者的興趣愛好，一眨眼成為了全球化現象，令人驚奇。這裡先簡單敘述 NFT 的特點，後面會再詳加說明。NFT 不是單純的藝術作品，它具有將無形與有形資產「代幣」化，提高收藏價值，增加交易便利性的特性。現今的市場正在尋找利用其特性，實現多元化產業結合的最佳切入點。以音樂產業為例，美國歌手琳賽·蘿涵（Lindsay Lohan）在 2021 年發行了第一首 NFT 新單曲〈Lullaby〉；美國搖滾樂團里昂王族（Kings of Leon）用 NFT 形式出售了「黃金門票」（終生實體演唱會前排座位門票），成為熱門話題。如同這些例子，許多音樂人通過 NFT 創造新的收入來源，嘗試和粉絲們進行更直接的交流。

如 Nike、Gucci、eBay 等身處此潮流中心的全球企業也都積極引入 NFT，進行實驗性嘗試。此外，像是美國知名企業家同時也是 NBA 球隊達拉斯獨行俠（Dallas Mavericks）的老闆馬克·庫班（Mark Cuban），與數位行銷暨社群媒體先鋒蓋瑞·范納洽（Gary Vaynerchuk）等具有影響力個人投資者，也表現出對 NFT 的高度關注，加速推動 NFT 熱潮。

當然不是所有人都對 NFT 現象抱持肯定態度，NFT 的基本問題還是一直被重複問起，那就是：「為什麼要花錢下載可以無限複製的數位檔案？」NFT 相關搜索關鍵詞中常見的環保議題亦不容忽視。此外，也有人提及 2017 年席捲全球的 ICO 惡夢，憂心 NFT 不過是另一次短期熱潮。

NFT的定義

受到萬眾矚目的 NFT 究竟是什麼？原本一提及區塊鏈，大家會最先想起比特幣等加密貨幣，如今 NFT 成了最夯話題。人們最常掛在嘴邊（即使不清楚正確意思）的陌生單詞就是「不可替代」和「代幣」。大家聊得如此起勁的 NFT 到底是什麼？

讓我先為各位介紹最常聽到的 NFT 定義。

定義 1：NFT 是對特定資產的獨特性所有權。

第一個定義簡明扼要，點出了重要的「所有權」。NFT 確實帶來了數位資產所有權的重大革新，但這個定義尚有不足。因為它沒有說明到 NFT 中的「T」，也就是「代幣」（Token），這會讓閱讀的人無法正確理解 NFT 機制（我們會在後面的章節詳細說明 NFT 與所有權）。

我們再來看其他定義。

定義 2：NFT 從根本上改變人們的「所有」與「交易」的生活模式，是替多種產業帶來巨大變化的加密代幣。

第二個定義是 NFT 相關的行銷文案常見內容，會是讓閱讀的人對未來充滿期待的好文章。不過，它沒有明確解釋代幣如何從根本上改變人們的生活。假如讀者不懂「可替代」和「不可替代」的重要概念，就無法完美地理解 NFT。（當然，如果有人問起 NFT 相關問題，你給出這個答案，很有可能會被當成有遠見的專家。如果你確信提問者不會打破砂鍋問到底的話，我推薦你結合第一個與第二個定義作為臨時答案。）

接下來，我整理出兩個關鍵詞：不可替代性與代幣。

• 不可替代性

不可替代性代表個體有獨特性，是不可被替代的，像是：畫作、汽車、房子和土地等等。舉例來說，如果你把車子借給朋友，你會希望收回「借出去的那一輛車」。因為每輛車都具有獨特性。反之，可替代性（Fungibility）代表個體特性的本質是無區別的，也就是說在特定資產上，個體之間可以相互取代。舉例來說，法定貨幣是可替代的，因為任意兩張 1 萬元韓元紙鈔都是一樣的，它們可以互相替代，也不會影響到其價值。作為以交換媒介為目的而產生的資產，其可替代性被視為必要因素。

• 代幣

存放在區塊鏈上，能標記某個特定數位資產。而把自身相關資產的所有權利用區塊鏈技術鑄造成可交易的代幣，就叫「鑄幣」（mint），其資產型態不限。比方說，只存在虛擬世界的資產（數位藝術作品、數位音樂、行動票券等），以實體存在的資產（在畫廊展示的藝術作品、黃金、建築物等），以及概念上的資產（投票權、關注度、名聲等），全都能轉換成區塊鏈代幣。如果你幫家裡的寵物烏龜拍照，用 JPEG 檔存到筆記型電腦裡，然後把這個檔案上傳區塊鏈。這時，你的實體資產「烏龜」就會被代幣化。烏龜照片檔會擁有區塊鏈上的「唯一識別碼」（Unique Identifier），並標記出該檔案的後設資料（metadata）。

• 最終定義

NFT 是在區塊鏈上標記特定資產的數位資料。每一顆 NFT 都擁有獨特性，是不可互相替代的代幣。

由於區塊鏈技術的特性，一旦生成 NFT 就不能刪除和變造，所以，NFT 被應用為相關資產的正版證明（Certificate of Authenticity），也能作為所有權證明書（Certificate of Ownership）。NFT 能賦予無限複製的虛擬資產（例如：數位藝術）「稀缺性」，是一項重大革新。

NFT 跟以太坊、去中心化儲存網路 Arweave 一樣，利用以開放型分散式帳本（distributed ledger）技術為基礎的平台生成，優點是人人都能簡單地對自己的數位內容進行正版認證與所有權認證。如果創作者通過 NFT 交易市場拍賣（drop）自己的 NFT，買下該 NFT 所有權的買方可以到二手市場轉售所有權，該 NFT 每次被轉賣時，原創者會得到自己指定的相應比例收益。

NFT的二元性概念

我們還有幾個值得深究的事。也許你常聽見這個說法：「NFT 是代幣化的數位資產」，意即 NFT 是虛擬世界中可交易資產之一，這句話沒有錯，但值得留意的是，由於每個人的解讀方式不同，可能有人會誤以為只有數位資產才能成為 NFT。如前所述，所有具

有價值或可擁有的無形或有形資產，都可以被代幣化。

　　此外，很多人以為 NFT 上傳的只是數位內容，像是 JPEG 一類的圖檔，這也是錯的。NFT 是種全面性概念，不僅是標記相關資產的數位內容，也包含了該內容的所有權概念。這種二元性概念定義和 NFT 的技術結構有關。NFT 是說明多媒體檔案 *、檔案獨特性、唯一識別碼與檔案相關屬性的後設資料。檔案屬性包括作品名稱、作品細節、合約條件與媒體連結等在內。因此，我們討論 NFT 時不能只考慮肉眼看得見的多媒體檔案，或只重視其所有權。我之所以強調 NFT 的二元性概念，是因為從 NFT 目前發展領域來看，NFT 的定義迄今還沒完全被實現。如果我們希望 NFT 生態系統能長期活躍，逐漸成長為成熟的市場，大眾就必須正確認識NFT、成為 NFT 市場的後盾才行。我相信當 NFT 得到進一步發展、被更廣泛運用時，全世界的人都能享受 NFT 這項最棒的改革。

---

* 因為以太坊等區塊鏈上傳大量數據時的手續費，相當於礦工費（Gas fees），相當昂貴，所以 NFT 代幣通常會儲存在鏈上（On-chain），其標記的多媒體檔案（數位內容）與後設資料會儲存在鏈下（Off-chain）。鏈下儲存空間包括中心化的亞馬遜雲端運算服務（Amazon Web Services，AWS）等的雲端空間，還有基於 P2P 協定的星際檔案系統（InterPlanetary File System，IPFS）等等。

2 NFT 與數位所有權

2021 年 3 月，擁有百年悠久歷史的美國《時代雜誌》（*TIME*）在 NFT 平台 SuperRare 拍賣 4 顆 NFT，總成交價為 276 以太幣（約 44 萬 6 千美元，折合台幣約 1 萬 2 千萬元）。《時代雜誌》分別以 70 以太幣、88 以太幣和 83 以太幣單獨出售了 1966 年 4 月 8 日發刊的週刊封面「上帝死了嗎？」（Is God Dead？）、從其獲得靈感的 2017 年的「真理死了嗎？」（Is Truth Dead？），還有近期的封面「法幣死了嗎？」（Is Fiat Dead？）的 NFT。第四次拍賣的是前 3 個封面合集的 NFT，以 35 以太幣成交。《時代雜誌》總裁葛洛斯曼（Keith A. Grossman）在媒體採訪中表示，很久以前就曾在 TIME Cover Store 上出售經典雜誌，轉換成 NFT 是順理成章。

對 NFT「當真」的人稱 NFT 是「所有權的未來」，因為全球任何形式的資產都能轉換成數位形式，進行代幣交易。但也有人嘲諷 NFT 不過是賦予人人都能免費接觸的數位內容價值，還要人花大錢進行交易。因此，我們要討論 NFT 的價值，不可避免地得先提及「數位所有權」。

請想像一下：我平時就熱衷數位藝術品，某天我燃燒了創作之魂，動用各種數位工具畫下了繁星點綴的夜空下，邊吃炸雞邊喝啤酒的小熊一家幸福的模樣。我把這幅作品的 JPEG 檔存到筆電上，

分享到有十個朋友的聊天室裡。我那些善良的朋友各自下載了圖檔，存到他們的筆電和手機裡，還設成了大頭照（真是讓人感動到流淚的友情呢）。好了，我的小熊家族圖從此不再是這世上獨一無二的圖了。雖然其他人擁有的是複製檔，可是他們不用經過我這個原創作者同意，就能用各種 3C 產品享受我的作品。萬一這個圖檔被我朋友的朋友傳開，說不定此時此刻，有我不認識的人正在欣賞我的作品。

　　想像到此為止，接下來我要提問了：在這種情況下，誰才是真正的「所有者」？是原創作者我呢？還是我朋友們？還是此刻正在享受，或未來將會享受小熊圖的所有人？

　　以實體形式存在的藝術作品，辨認原版和複製品雖然有難度，但想辨認還是能辨認得出來。然而，在數位領域就不是這麼回事了。如果區分不出存在我的筆電上的原始圖檔和網上流傳的圖檔副本，就無法證明我才是原始檔「所有權」的擁有者。不僅如此，數位檔案還可以不花一毛錢就能無限地複製原始檔，而且複製檔與原始檔品質水準一模一樣，從生產成本角度來看，原始檔已失去「稀缺性」。如果每個人都能輕而易舉地（而且免費）擁有能和原始檔相互替代的複製品，原始檔的意義和價值也將不復存在。

　　像這樣缺乏監督管理機制、難辨真偽、無法追蹤販售與流通管道，以及守護不了創作者的收益，是長久以來圍繞著數位所有權的問題，也是亟待解決的課題。就此意義而言，能發揮「所有權證明」作用的 NFT 登場，是革新又鼓舞人心的事。數位檔案產生了

「稀缺性」，是網路歷史上首次讓證明「數位真品」變得可行。被鑄造成 NFT 的原始檔案仍然可以無限地被「複製貼上」、被分享，但只要這個檔案以 NFT 的形式存在，就能在區塊鏈上證明誰才是全世界唯一的真品擁有者。

NFT的優點：稀缺性與充足性

「能證明所有權又怎樣？副本還是流傳在網路上……。」

如果你現在腦海中閃過這種念頭，代表了一個有趣的事實：儘管諷刺，但副本流傳得越廣，使用 NFT 記錄的原始檔價值越大。就像我發一則推文，點讚數和轉發數越高，該則推文的價值（還有身為原始發文者的我的價值）就會越大。基於原版作品通過 NFT 得到認證便能證明所有者的所有權，作品的「稀缺性」（Scarcity）與「充足性」（Abundance）未必是互斥的。什麼意思呢？讓我舉例說明。

你造訪了紐約現代藝術博物館（MoMA）欣賞梵谷名作〈星夜〉（The Starry Night）真跡，受到莫大的感動。回到韓國的你心中餘韻猶存，列印了幾十張的〈星夜〉掛在家裡各個角落，還分享給朋友們。無論讓你的家增光的〈星夜〉複製品和真跡多麼相似，你（還有收到你分享的複製品的朋友們）擁有的都不是梵谷的真跡。這是理所當然的，因為真跡在紐約。

在這裡我要問大家一個問題：對紐約現代藝術博物館來說，

〈星夜〉複製品被數不清的人無遠弗屆地散播，究竟是件值得高興的事，還是令人不悅呢？

　　儘管按不同前提與解釋問題的角度可能會有不一樣的答案，但首先從作品價值來看，作品被傳播一事必然存在正面價值。因為許多人間接地接觸到了〈星夜〉。人們越喜愛該作品，越會意識到真跡的重要性（significance），對真跡的文化意識（cultural awareness）越大，同時也增加了真跡的稀缺性。真跡的稀缺性增加，價值自然也會隨之增加。換言之，NFT 化的數位作品被複製越多次，分享越多次（使得越多人能看見或聽見），原始作品的稀缺性價值就越大。因此，當原作者把該作品的 NFT 放到市場上，或是買方把該作品的 NFT 放到二手市場二次轉賣時，往往能以更高價賣出。不覺得很有趣嗎？通過 NFT 技術，我們得以證明「數位真品」的真實性，「數位所有權」交易也得以順利進行。

數位所有權的重大改變

　　隨著 NFT 技術的登場，數位所有權的概念和原理有了巨大變化，許多人得以用新的方式，將創作換取金錢報酬。NFT 另一項優點是，它不需要專業仲介，創作者可以和大眾與購買者進行直接接觸。這使創作者能從事更自由、更具實驗性的創作活動。該說是數位所有權的重大改變帶來了創作生態的革新嗎？不僅是數位藝術，還有 NFT 收藏品（collectible）、運動和遊戲等各種商業數

位文化市場整體展望也都很樂觀，尤其是最近備受矚目的元宇宙（Metaverse）*和 NFT 的相遇，更被期許成為 NFT 市場的未來原動力。因為 NFT 是使用者私有資產的證明，也是使用者在元宇宙中進行的經濟活動的最佳證明工具。

各位請想像一下：你在元宇宙裡蓋了一間畫廊，用 NFT 掛上了幾年前在義大利獨自旅遊時買下的鄉下麵包店老闆的畫作。有許多虛擬分身聚集在畫作前，欣賞你的美好回憶。如果其中一位虛擬分身購買了這幅 NFT 作品，作為原始創作者的麵包店老闆會得到一份美好的禮物——「專利授權金」。你走出畫廊閒晃了一陣子，月光下從某處傳來了陌生的旋律，是某個義大利傳奇樂團的歌曲，不同樂器的樂譜分別被代幣化，根據購買者的選擇，隨時都能以全新的旋律和節奏重新組合、重生。**[1] 像這樣超越時空促成的意外共同創作瞬間是如此珍貴。NFT 準確打破實體與虛擬的界線，人人都能成為創作者與觀眾，而我們現在才剛淺嚐到它的無窮潛力。

儘管提起虛擬資產，大眾最先想起的往往是數位藝術品或數位專輯，不過仔細想想，其實虛擬資產已深入日常中，像是儲存在筆電裡的眾多照片和文章、某些表演的數位門票、個人網站網址、推特帳號等，這些都是虛擬世界中的一部分，也是我的資產。我們

---

* 元宇宙是有著超越之意的「Meta」，和意味著宇宙的「Universe」的合成詞，指的是，進行人們過往現實世界的活動的數位虛擬空間，包括了政治、經濟、社會和文化等等。

** NFT 平台 Async.art 推出了將特定音樂細分，用不同的 NFT 進行代幣化的服務。根據擁有不同部分的 NFT 購買者的選擇，音樂整體組成也會跟著改變，相當有趣。

通過 NFT 改變了數位所有權，無異於改變了我們的整體日常生活模式。這讓人不禁好奇人類的創造、消費與共享的所有行為今後將如何改變。

NFT的所有權與著作權

談論 NFT 和所有權時，有一個不可不談的問題，就是著作權。著作權大致包括資產再生權、資產複製權、衍生著作權、散布副本權、公開展示權與公開演出權等等。通常 NFT 售出後，該 NFT 所有權會移轉給購買者，但這時候該資產本身的著作權不會被移轉。因為著作權仍由原作者（即原始作品著作權所有者）所有，被移轉給購買者的只有所有權。但若合約註明連同著作權一併移轉給買方則為例外。

從某種角度看來，買 NFT 跟收集卡牌差不多。收集寶可夢卡牌的你，只擁有某角色的卡牌，跟實際擁有該角色本身，甚至有將該角色用於商業性目的的權利是不一樣的。以 NFT 來說，它不過是將代幣的所有者移轉給購買者，該代幣標記的資產本身的所有權或著作權不會一併被移轉。將所有權自著作權中分離，是劃時代的思維，只不過原作者與購買者之間也會產生意料不到的法律問題，所以仍需要完善相關制度。（NFT 涉及的法律爭議內容會於第五部分深入探討。）

3 NFT 與區塊鏈

　　第一代網路（Web1.0）風靡了 1990 年代與 2000 年代初期，人們在第 Web1.0 時代，只能被動地閱讀唯讀的（Read-only）HTML 目錄。從 2000 年代中期開始進入第二代網路（Web2.0），人們在搜尋資訊方面有了劃時代的改變，各種社群網站提供網路使用者隨時隨地都能即時溝通與合作的環境。然而，絕大部分的通訊都是經由中央管理伺服器進行，因此出現了不少問題。舉例而言：意外的資訊損失（比方說，若某企業倒閉，存在該企業伺服器上的資訊可能全部不見）；侵犯個人隱私；中間平台單方面調整政策，損害使用者權利等等。另外，使用第二代網路的使用者，可以無限複製數位檔案，且無損檔案內容品質，造成正本與副本難以區分，也很難追蹤正本的出處和所有權，原創者無法利用自己的創作作品創造實際收益。在這種情況下，人們期許著與區塊鏈有著密切關係的第三代網路（Web3.0）的到來。

　　區塊鏈是多台電腦組成的去中心化網路。使用者透過儲存與管理資料，實現不需要第三方介入（比方說，沒有優步公司介入的車輛共享，或沒有 Airbnb 公司介入的共享住宅），奪回原為中央管理系統所有的資料擁有權的對等網路（Peer-To-Peer，P2P）模式。同時，區塊鏈象徵一種社會動向，體現人們創造網路時追求個體自由的初衷。另外，自有網路以來，以區塊鏈為基礎的 NFT 首次賦

予數位檔案正本與其稀缺性的價值，可視為一場帶給創作者力量的革命。

NFT與智慧型合約

今天大多數的 NFT 利用以太坊的區塊鏈技術發行（鑄造）。區塊鏈是公開（Publicly）並按時間排序（Chronologically）記錄的分散式帳本，生成一顆 NFT，代表記錄著某事件發生時間的時間戳（Timestamp）被儲存於區塊鏈上，任何人都能確認這顆 NFT 的來源與所有權。

前面提過，NFT 是在區塊鏈上標記特定資產的數位資料，更直接來說，就是一種智慧型合約（Smart Contract）。智慧型合約指的是，當存在區塊鏈上的數位協議某特定條件獲得滿足時，會自動執行與驗證合約的程式。

智慧型合約是 NFT 的構成要素之一，它會根據 ERC-721 協議或其他代幣協議，發行帶有唯一識別碼的 NFT。區分非同質化代幣（NFT）和同質化代幣（FT）看的是有無唯一識別碼。NFT 只需買賣雙方達成協議便能進行交易，交易明細會被存在區塊鏈上，無法變更與偽造，這也是為何 NFT 的唯一識別碼又被稱為「所有權證明書」。[2]

NFT 的另一個構成元素是數位內容（Digital Content）。數位內容會以文字、圖像、音頻、影片等各種多媒體檔案形式存在。

NFT 還包含了說明這些數位內容（多媒體檔案）屬性的後設資料，如：作品名、作品細節、合約內容與多媒體連結等等。[2]

該存放在何處？

有一件有趣的事是，關於後設資料或數位內容的存放處。根據發行者的決定，它們多半不存在區塊鏈上，而是存在區塊鏈下。這是因為把龐大的資料存在以太坊等的區塊鏈上需要支付昂貴的礦工費。很諷刺吧。一提起 NFT，很多人只會想到後設資料或數位內容，不過這些大家所想的東西卻可能不在鏈上，而在鏈下。鏈下儲存空間包括了中央管理伺服器、雲端空間，或去中心化的分散式檔案系統。雲端空間有亞馬遜雲端運算服務（AWS）等等，而去中心化的分散式檔案系統有星際檔案系統（IPFS）等等。

某些 NFT 要素存在中央管理系統上有危險之虞。舉例來說：若你搜尋的 NFT 數位內容存在某公司的伺服器上，萬一該公司倒閉，伺服器關閉，那麼事情會變得怎樣呢？你的 NFT 雖仍以唯一識別碼的形態存在區塊鏈上，但這個唯一識別碼標記出的資料將永遠消失。

實際上，2020 年年底就發生過這種事。一項叫作「Niftymoji」的 NFT 項目，該項目開發者「吃乾抹淨走人」，並關閉了所有社群媒體的帳號，與其相關的 NFT 後設資料和數位內容也全部消失。發生這種事除了令人遺憾外，也導致區塊鏈所承諾的最大優勢——

永續性和不變性失效。許多專家正致力解決 NFT 的儲存問題，如今，去中心化的儲存方式逐漸成為主流，越來越多 NFT 相關資料存在如星際檔案系統等的分散式檔案系統上。

4　NFT 與創作者經濟時代

隨著網路普及，人人都能自由地上傳與共享自己的數位作品，獲得上千點讚數。不過，相對於作品的高人氣，創作者是否也獲得了相應報酬呢？答案是「否」。

正如我們前面看到的一樣，數位作品的諷刺之處是，越多人欣賞完正本，網路流傳的副本越多，正本的稀缺性越大。當然，這件事的前提是：得有方法證明誰是正本。NFT 可證明正本稀缺性的特性，誘發人們購買原本到處都能免費欣賞的數位作品正本（或副本）。也就是說，NFT 提供一種新方式，使原本難以兌現或兌換成實際收益的數位作品，能與觀眾發展不一樣的連結。

數位藝術作品或音樂作品的創造不是為達成某件事的手段或方法。人們創造數位作品的目的是供人欣賞，所以它跟線上遊戲道具一樣，很容易遭到複製與分享，而 NFT 帶來的「正當補償」擴大了數位作品的價值。NFT 的普及非但讓創作者不用再費心阻止自己的數位作品在網上流傳，也證明了正本獨一無二的價值，使創作者能出售自己的作品正本。假如該作品有人氣，創作者就應當獲得相應報酬。NFT 在數位領域，把長久以來無法達成的理所當然之事變得可能。

對創作者來說，NFT 的基本元素，即智慧型合約，賦予他們把作品的稀缺性與價值最大化的主導權。創作者可以決定發行

獨一無二的（1/1）NFT，還是發行一顆以上的 NFT 副本，因為發行何種版本（Editions）會左右該作品的稀缺性程度。每個版本都會發行有唯一識別碼的 NFT，副本也一樣。像這樣，創作者提前決定發行的版本數，那些版本會被稱為「限量版」（Limited Edition）。如果你看到 NFT 市場上寫著「9/10」的字眼，意味該作品共發行 10 個版本，你看的是其中的第 9 個版本。版本發行越少，作品稀缺性當然越大。通常第 1 版最昂貴。

創作者也可以根據市場需求，在有限的時間內無限供給版本，這叫「開放版」（Open Edition）。[3] 舉例來說，有 350 名收藏者按下購買鍵，創作者就會發行 350 個版本。然而，開放版有時還是會限制發行量與販售量。開放版的市場供需相等，雖然稀缺性可能比供應量有限的限量版低，不過站在收藏者的立場來看，開放版依然有可能是高價值的投資。舉例來說，隨著 NFT 藝術家的人氣上升，市場對該名藝術家的公開版作品的需求增加，收藏者可以到二手市場高價轉賣。如果收藏者眼光夠好，能慧眼識出未來的高人氣 NFT 創作者或 NFT 作品，投資開放版也是不錯的投資方法。另外，假如收藏者買的是銷售量不佳的開放版，他仍舊可以享受到無意間增加的作品稀缺性。像這樣，賦予創作者控制發行版本數量的主導權，即賦予數位稀缺性的主導權，是 NFT 驚人又有趣的作用。

NFT 的智慧型合約也讓創作者不被排除在作品價值鏈之外。因為每當自己的 NFT 作品在二手市場被轉賣時，創作者可以從中抽成。通常在 NFT 發行時，創作者可以自行決定專利費抽成佔比，

目前為止大多為 10% 上下。專利費抽成是自動觸發事件，創作者不用時時刻刻追蹤作品的交易情況。這種專利制度是一種新概念的補償制度，激勵創作者創作。如果創作者人氣上升，其 NFT 作品的轉售次數和轉售價格也會隨之攀升，創作者無異有了一個持續且可觀的被動性收入來源。

賦予創作者力量！

現在是「創作者經濟」（Creator Economy）時代。創作者不靠「訂閱」廣告，也能把自己的熱情製作成內容並販售。舉凡畫家、音樂家、作家或創作者……誰都可以，只要是致力於創作活動的人，都能成為創作者經濟的主體。

2000 年代末期，《連線雜誌》（*Wired Magazing*）創始主編凱文·凱利（Kevin Kelly）預見了未來。他說道：「無論創作什麼，只要擁有 1,000 名忠實粉絲（True Fans），任何人都能靠創作生活謀生。」因為隨著網路發達，對等式（P2P）的社群和交易系統直接牽起了創作者與觀眾的連結。只要有 1,000 名忠實粉絲，願意每年支付 100 美元（折合台幣約 2,700 元）支持創作者的創作活動，創作者就能年收 10 萬美元（折合台幣約 270 萬元）年收入，負擔一年生活費綽綽有餘。[4] 近來，更有人主張「不用 1,000 名，有 100 名忠實粉絲就綽綽有餘」，[5] 由於 Instagram 和 YouTube 等社群平台無遠弗屆、各領域網紅影響力的擴張以及各種創作工具的發

展等因素，現在只要有 100 名忠實粉絲願意一年支付 1,000 美元（折合台幣約 2 萬 7,000 元）就夠了。

　　創作者的忠實粉絲是 100 名或 1,000 名，都不關 NFT 的事。因為這世上只有一個人能擁有具有獨特代幣價值的創作者作品 NFT。NFT 幫助創作者與忠實粉絲建立更特別，也更直接的關係。換言之，NFT 非但給了創作者關於作品所有權的金錢補償，還給了創造差別化經驗的機會。舉例來說，藝術家可以跟購買自己藝術作品 NFT 的收藏者參與下一張專輯製作的機會等等。差別化經驗的種類不限，實際上，最近很流行通過 NFT 提供特別權利等的功能（Utility，又稱賦能），甚至也成為了另一種交易形式。像是：當你喜愛的偶像組合在新冠疫情結束後舉辦第一次實體演唱會時，你擁有和他們一起站在舞台上的權利；你擁有跟你「最愛的」數位藝術家在下一次展覽時合作的權利；你贊助的當地社區中心完工時，你擁有種下以你的名字命名的紀念樹的權利等等。代幣賦予藝術領域的創作者和挑戰各種夢想的冒險家力量。我們所夢想的文化社會共同體的未來，藉此大步走向我們。

5 NFT 的歷史

2021 年 5 月，佳士得拍賣行裡拍賣了 9 個加密龐克所組成的 NFT 系列，成交價 1,690 萬美元（折合台幣約 4 億 6 千萬元）引發話題。緊接著 6 月，蘇富比拍賣行以 1,180 萬美元（折合台幣約 3 億 2 千萬元）成交加密龐克 #7523，證明了 NFT 熱度不減。擁有高人氣的加密龐克就像天降「巨富」，是寫下新歷史的 NFT 初期項目之一。2017 年，紐約軟體公司 Larva Labs 創始人約翰·沃特金森（John Watkinson）和麥特·霍爾（Matt Hall）通過演算法，誕生了 1 萬個獨特的「龐克」。這些龐克立刻爆紅。最重要的是，它們揭露了數位稀缺性與所有權的新模式，宣告了 NFT 時代的序幕正式展開。

我們從加密龐克身上可以知道 NFT 並非一項全新的技術，而是經過時間驗證的歷史產物。那麼 NFT 是如何踏出第一步的呢？它又是如何發展到現在這個樣子？讓我們一起看一下 NFT 歷史上的大事件吧。

2012～2013：NFT的萌芽期，彩色幣

彩色幣（Colored Coins）是通過比特幣區塊鏈，以數位形式表現實體資產的層級（Layer）之一。儘管它不像現在的 NFT 如此精

煉，但它是最先將區塊鏈技術應用在股票、不動產、加密貨幣發行權與數位收藏等多種資產上，是一次富有意義的挑戰。

彩色幣首次被提及，是在 e 投睿（eToro）執行長暨聯合創始人尤尼·阿西亞（Yoni Assia）於 2012 年發表的一篇名為〈比特幣（又名彩色幣）——最初介紹〉（Bitcoin 2.X(aka Colored Bitcoin)-initial specs）[6] 的文章中。同年，當時的以色列區塊鏈協會主席梅尼·羅斯菲爾德（Meni Rosenfeld）發表論文〈彩色幣概述〉（*Overview of Colored Coins*）[7]，預見新資產階級的崛起，引起關注。

從某種角度來看，彩色幣就是我們所說的 NFT 始祖。儘管它不是在以太坊發行，而是比特幣區塊鏈上，但也算是加密龐克與謎戀貓的始祖（當時是以太坊出現之前）。

彩色幣有一個致命缺點。由於比特幣區塊鏈的設計特性，只有當所有人參與者都認同這些加密貨幣的價值時，它們才能代表某些價值。儘管如此，彩色幣仍在 NFT 歷史上佔有一席之地，它向大眾展示了資產代幣化的可能性與潛力，也提醒我們想達到資產代幣化，需要更「靈活」的區塊鏈。

2014～2016：Counterparty、稀有佩佩蛙、貨幣化圖像

• Counterparty

2014 年，羅伯·德莫迪（Robert Dermody）、亞當·克雷倫

斯坦（Adam Krellenstein）、伊凡・華格納（Evan Wagner）創立了 Counterparty。Counterparty 是建立在比特幣區塊鏈上的 P2P 金融平台，採用開放式網路協議（Open Source Internet Protocol）。Counterparty 跟迷因卡牌遊戲等無數的項目有關。舉例來說，2015年，卡牌遊戲魔法創世紀（Spells of Genesis）首次藉由 Counterparty 發行了區塊鏈上的遊戲資產（In-game Assets）。2016 年，人氣卡牌遊戲願望之力（Force of Will）再次於 Counterparty 發行了卡牌，引發關注。加上，該公司是過去沒接觸過的區塊鏈與加密貨幣的大型公司，使得這件事別具意義，被視為資產代幣化概念迅速普及的訊號。

• 稀有佩佩蛙

最多人討論的區塊鏈項目是通過 Counterparty 發行的稀有佩佩蛙迷因（Rare Pepes Meme）卡牌遊戲。2016 年 10 月，首次亮相的 Rare Pepes 迷因項目出自插畫家麥特・弗里（Matt Furie）創造的人氣

佩佩蛙

漫畫角色「佩佩蛙」（Pepe the Frog）。佩佩蛙卡牌發行後獲得高人氣，甚至出現確保迷因稀缺性的「稀有佩佩蛙目錄」（Rare Pepe Directory）網站＊。這充分證明人們對獨創性高的數位資產的渴求。

＊ 稀有佩佩蛙目錄網站上有許多獨創設計與色彩的佩佩蛙迷因卡牌，建議各位抽空上網瀏覽（譯注：此為針對稀有佩佩蛙迷因卡牌種類進行整理與分類的網站，上頭有專家可以證明買方的卡牌稀缺性。）

- **貨幣化圖像**

　　2014 年，藝術家凱文・麥考伊（Kevin McCoy）希望藉由比特幣區塊鏈提供創作者新的收入來源，於是開始將「加密」概念傳播到藝術圈。麥考伊受到區塊鏈的去中心化特性吸引，認為藝術家如能善加利用區塊鏈，那麼，縱使沒有像 iTunes 一類的媒介，也能直接與觀眾交流與交易作品。

　　麥考伊先與工程師暨企業家阿尼・達什（Anil Dash）攜手，把自己的數位藝術作品〈量子〉（Quantum）製作成實驗性代幣。他們是第一個想到把數位藝術作品傳到區塊鏈上，並親身實踐的人。他們諷刺地稱呼這個概念為「貨幣化圖像」或「專著」（Monograph）。（有趣的是，麥考伊的〈量子〉於 2016 年 6 月在蘇富比拍賣行以 147 萬美元〔折合台幣約 4 千萬元〕成交。）

　　根據《紐約時報》報導，麥克伊在隔年，即 2015 年，以親身經驗為基礎，幫助藝術家將作品代幣化，並進行交易。要知道儘管 NFT 現在受到全世界熱烈關注，但當時的市場氣氛並非如此，麥克伊要說服藝術家認同他的的想法並不容易。

2017：世界終於看明白了

- **2017 年 3 月**

　　2017 年，以太坊名聲遠播，廣為世上所知。利用簡單的程式

架設的以太坊網路上的「以太幣」，創出了用以太坊網路作為基礎的全新金融產品。這是一次跨時代的躍進。2017 年 3 月，一個名為 Peperium 項目現身在去中心化的迷因市場與交易卡牌遊戲的行列中。任何人都能透過 Peperium 創造迷因，並把它在 IPFS 與以太坊上進行代幣化。Peperium 跟 Counterparty 一樣提供了代號為「稀有」（RARE）的代幣，人們付手續費就能製作迷因。在那之前通過 Counterparty 實現的佩佩蛙迷因卡牌交易，受到 Peperium 吸引，開始移往以以太坊為基礎的 Peperium。

最近 NFT 正式起跑，稀有佩佩蛙的人氣雖不如過往，但 2021 年 3 月，最稀有的佩佩蛙「荷馬佩佩」（Homer Pepe），以 205 以太幣成交，印證它背後仍然有著深厚的粉絲群。

• 2017 年 6 月

稀有佩佩蛙交易在以太坊打下穩固根基，兩名程式開發者約翰・沃特金森與麥特・霍爾在還沒聽說凱文・麥考伊和阿尼・達什的 2014 年項目時，已決定開發專屬 NFT 項目。他們自行開發出能產出數千個獨特角色的軟體。被稱為「龐克」的長寬為 24×8 像素的角色於焉誕生。每個龐克角色的性格、服裝、髮型與飾品等各種屬性，都經由演算法隨機生成，具有獨特稀缺性。這些龐克多是人類角色，也有殭屍（88 個）、人猿（24 個）與外星人（9 個）。沃特金森和霍爾考慮到稀缺性，決定只發行 1 萬個龐克 NFT（雖

然很多人表示加密龐克是 ERC-721 標準生成的 NFT 創始項目，不過當時 ERC-721 標準尚未被構建）。他們開放給擁有以太坊錢包的人享有龐克所有權，自留 1,000 個龐克，剩下 9,000 個龐克發布全球。（啊，真想搭時光機回到過去！）

　　其實，加密龐克不是一開始就享有高人氣，9,000 個免費龐克中，只有幾個被「取走」。幾週後，美國科技新聞部落格《Mashable》表示：「加密龐克將改變我們對數位藝術的想法」，從那時起，人們對加密龐克的看法起了一百八十度的轉變，網友湧入加密龐克網站，剩下的龐克所有權不到 24 小時就都被取光了。人們在二手市場交易加密龐克，初期交易價格不過幾百美金，後來攀升到數千，甚至數萬美金。2021 年 8 月初，加密龐克的一週交易額突破了 2 億美元（折合台幣約 55 億元），人氣火爆的程度超乎想像。

　　考慮到加密龐克供給量有限，及其品牌力量，它的名氣和交易價格似乎還會維持好一陣子。雖然加密龐克是 NFT 項目的始祖，但它利用以太坊網路為基礎，得以在各種 NFT 市場自由交易，我們仍能展望其未來的表現。

• 2017 年 10 月

　　10 月，另一個 NFT 收藏網站「謎戀貓」登場。加拿大溫哥華遊戲工作室 Axiom Zen* 推出了一款遵守 ERC-721 標準，用以太坊

---

* 譯注：此即 Dapper Labs 前身。

作為基礎的線上遊戲「謎戀貓」。玩家可以收集、飼養、繁殖和交換虛擬貓，每隻貓的年齡、品種和顏色都是獨一無二的，是不可替代的 NFT，並具有不可分割性。也就是說，謎戀貓代幣無法被一分為多。

Axiom Zen 歷時數月，在「以太坊滑鐵盧黑客松」（ETH Waterloo Hackathon）上公開謎戀貓最初版（Alpha 版）時，勇奪第一名，謎戀貓迅速成為人氣話題，各大媒體競相報導，一炮而紅。按當時標準，花 1,000 多美元購買只存在虛擬世界的貓，是筆划算的交易。另外，謎戀貓的金錢吸引力也不容小覷，主人可以將自己所有的謎戀貓交配，製作出稀有品種，賺進大把鈔票。當然了，貓咪的可愛模樣是附加價值。

2017 年年末，英文名字相似的「加密龐克」（Crypto Punks）和「謎戀貓」（Crypto Kitties）的交易價達到了「億」。它們之所以能獲得巨大的成功，是因為絕妙地利用了人們覺得「這是能賺錢的買賣」的理性判斷，與「大家都在買，我要不要也買一下？」的從眾心理。再者，當時比特幣與以太幣價值飆升，年輕的加密貨幣百萬富翁一一登場。這些新興的富翁早已習慣了加密貨幣的公式──「我們判斷有價值的東西，就是有價值的」，對尚未得到驗證的 NFT 給出了積極反應。加密貨幣創出的「富」，活絡了加密收藏品初期市場。

2018～2019：暴風成長期

2018 年，NFT 生態體系有了巨大的成長。2018 年 2 月，謎戀貓的開發團隊 Dapper Labs 從原本的工作室分離，獨立出來，並獲得業界優秀的風投公司的資金挹注，如：安德森‧霍洛維茨風投公司（Andreessen Horowitz）、聯合廣場創投公司（Union Square Ventures），與谷歌創投（Google Ventures）等等。NFT 第一代投資項目的社群持續形成，像謎戀貓一樣吸引了人們的關注。2018 年 2 月時，約有 8,500 個 NFT 活躍帳戶，時至 2019 年 12 月已經超過了 2 萬個。不少分享資訊的新 NFT 數據平台也隨之登場，如：Nonfungilbe.com 等等。

這時候，另一種技術革新「第二層」（layer two）也出現了。和謎戀貓團隊無關的第三方開發者，開始在謎戀貓上上傳各種新開發的遊戲商品。這些第三方開發者不需要另外獲得「許可」，就能在謎戀貓的公有智慧型合約上上傳自己的應用程式（APP），像是 Kitty Hats、KotoWars、Wrapped Kitties 等的項目與商品，都被引入了 Dapper Labs 的謎戀貓宇宙平台（KittyVerse）中。

大眾開始關心起數位藝術家與 NFT 技術，對 NFT 市場抱持積極態度。實際上，數位藝術是最適合 NFT 的領域。藝術作品的價值來自正版與所有權，然而，在 NFT 登場前，幾乎沒有能鑑定數位真品的方法，以至於所有權的概念本身是無意義的。NFT 技術能賦予數位藝術作品「獨特性」與「稀缺性」價值，大眾接受度

之高可想而知。數位藝術市場受到極大的鼓舞,數位藝術家進行各種各樣的嘗試,聚焦在數位藝術品的 NFT 平台也大舉登場。我們現在熟悉的 SuperRare、KnownOrigin、MakerPlace 與 R.A.R.E Art Labs 等各種加密藝術平台,都是「真心」對待數位藝術的 NFT 市場交易平台。

2020～現在：萬眾矚目的NFT

　　NFT 從 2020 年正式升溫,尤其是 NFT 藝術交易額的飆升速度是 NFT 市場之最。Beeple 是代表案例之一。2020 年 10 月,對 NFT 展現極大興趣的 Beeple 將自己的 3 個作品代幣化,以 13 萬多美元(折合台幣約 360 萬元)售出。然而,不過兩個月後,他的〈每一天〉(Everydays)系列中的幾顆限量版 NFT 總成交額已超過 350 萬美元(折合台幣約 9,700 萬元),上漲趨勢驚人。

　　時至 2021 年,人們對 NFT 的關注到了最高點。理由就算不多加解釋,每個人也都會同意,那就是 Beeple 的作品在佳士得拍賣行拍出的 6,930 萬美元天價成交額。這件事促成了今日熱鬧的 NFT 市場。除 Beeple 之外,形形色色的 NFT 作品在 2021 年年初如雨後春筍般冒出,像是:慶祝彩虹貓問世十週年的 NFT 迷因賣了 58 萬美元(折合台幣約 1,600 萬元);知名創作歌手暨特斯拉總裁馬斯克前女友格萊姆斯(Grimes)的一支短影片 NFT 以 600 萬美元(折合台幣約 1 億 6,700 萬元)賣出;NFT 球員卡交易平台 NBA Top

Shot 僅兩個月就創下了月成交額 2 億 5 千萬美元（折合台幣約 70 億元）。NFT 揭示了一個可靠的新獲利模式，而這一切都在 2021 年 3 月內發生，怎能不叫人驚訝呢？

此後，全球 NFT 交易額在 2021 年 5 月初突破 1 億美元（折合台幣約 27 億元），NFT 風雲再起，搶佔各大主流媒體頭版（有趣的是，大多來自 NFT 收藏市場）。5 月後暫時緩下腳步的 NFT 市場，過了 7、8 月後，以廣泛的應用為基礎，如：藝術、收藏、音樂、遊戲和虛擬不動產等等，熱度居高不下。全球 NFT 熱潮究竟只是風靡一時的現象，還是持續成長的新市場機會，對此眾說紛紜。不過，可確定的是，韓國國內與國外的大型品牌為尋找創造收益和行銷的機會，正在直奔 NFT 世界。*

eBay 開放現貨與 NFT 數位收藏品的交易新功能，精品品牌也對 NFT 持積極態度。路易・威登集團（LMVH）、卡地亞（Cartier）、普拉達（Prada）聯合成立區塊鏈聯盟「Aura」，正式入局 NFT 市場。2021 年 8 月，巴寶莉（Burberry）跟開發區塊鏈遊戲「Blankos：街區派對」（Blankos Block Party）的公司 Mythical Games 合作，推出 NFT 限量角色與 Burberry 數位飾品限定版，蔚為話題。人們可以在「Blankos：街區派對」市場買賣穿上巴寶莉 TB 夏季花押字設計的「Sharkey B」NFT 限量角色，或替角色升級。

---

* 例如超跑的象徵，德國汽車製造商保時捷（Porsche）在數位子公司「Forward 31」推出 NFT 平台「FanZone」，在上面拍賣汽車設計草圖 NFT。拍賣所得將全數捐予非營利機構 Viva Con Aqua。

　　至於美食方面，美國連鎖快餐店塔可鐘（Taco Bell），發行了玉米卷 NFT，30 分鐘內銷售一空；必勝客（Pizza Hut）的加拿大公司推出了「像素化披薩」NFT。這些都是炒作 NFT 議題，以達成低成本高收益的優秀行銷策略。

　　佳士得與蘇富比拍賣行是讓 NFT 藝術和收藏市場繁榮的頭號功臣。它們持續地拍賣各種商品的 NFT，增強了 NFT 與社會文化的關聯性，也提高了制度上的正統性。身為正規合法的主要拍賣機構，佳士得與蘇富比積極接納 NFT 技術，賦予 NFT 可信度與地位。尤其是全球資訊網（World Wide Web，WWW）發明者提姆‧柏內茲－李爵士（Sir Tim Berners-Lee）在 2021 年 6 月以 NFT 形式拍賣全球資訊網的原始程式碼，形成話題。該 NFT 在蘇富比拍賣行以 540 萬美元（折合台幣約 1 億 5 千萬元）成交。那不是單純的電腦程式碼交易，而是改變人類生活面貌的歷史轉折點的所有權交易，是歷史上的大事件。幾年前只存在想像中的事，如今正在變成現實。

6　為什麼 2021 年是 NFT 之年？

若說 2021 年是 NFT 之年絕不為過，人們對 NFT 前所未有的關注度與投資熱潮從 2021 年年初開始發酵席捲全球。「是因為 Beeple 嗎？」可是，人們的關注度和熱度仍持續發酵中，我們有必要從根本上探討，像 Beeple 一類的重量級 NFT 交易集中發生在 2021 年的原因。為什麼 2021 年是 NFT 之年？

財富效應

首先，我們會想到的是「財富效應」（wealth effect）。財富效應指的是個人資產越多，支出就會越高。這解釋了 2021 年年初再度變得強勢的加密貨幣市場和 NFT 熱潮的關連性。以 2021 年第一季度季末為準，以太幣價格比去年增加了 1000％以上，同期，比特幣價格也增加了 600％以上，突破 5 萬美元大關，創下當時史上最高價位。

這對加密市場初期投資者來說是個天大的好消息。對那些富上加富的加密貨幣巨鯨（crypto whales）來說，NFT 無異是個全新的遊樂場。巨鯨出於對加密市場的高度信任，不會受時局動搖，長期持有（幣圈術語為「Hodl」）手上的加密貨幣。對熟悉且長期關注新技術的他們來說，應用區塊鏈技術的 NFT 是個魅力十足的投

資領域，也是個相當有趣的遊戲，更是向世界炫耀加密資產財富的可視化手段。巨鯨們開始砸大錢購買 NFT。實際上，目前的高價 NFT，大多是許久之前就涉足幣圈的人所有。舉例來說，Beeple 最出名的作品〈每一天：最初的 5,000 個日子〉被網名為「Metakovan」的 NFT 基金公司管理者買下。*

圖 1-1 ｜ NFT 市場交易量趨勢（2020.6 ～ 2021.6）

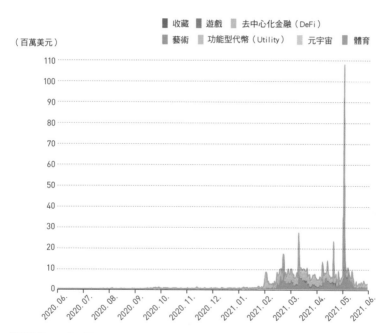

資料出處：nonfungible.com

---

* 譯注：據報導，買家為 NFT 基金 Metapurse 創始者 Vignesh Sundaresan，也被稱為 Metakovan。

這種「財富效應」趨勢和近期 NFT 收藏者大增的理由一樣，那就是 NFT 的投資價值（根據觀點不同，也可說是投機價值）。人們收集 NFT 的理由當然各有不同，若要列出所有理由，只怕會沒完沒了。比方說擁有某項被認證具備稀缺性的物品而產生的滿足感，或是擁有具有時代精神的 NFT 而產生的自豪感，或是意想不到的作品發掘過程中產生的刺激感與興奮感，又或者是發掘有潛力的創作者而產生的喜悅等等。不過，現在大多數的人都是因為對未來收益抱有期待才進入 NFT 市場。NFT 能廣泛應用在藝術、音樂、遊戲和體育等興趣及文化層面，光是這一點已是意義重大，而假如轉賣手上的 NFT 能獲得更大的價值，則能證明 NFT 充分發揮了提高數位資產價值的作用。

最重要的是，NFT 和其他加密貨幣市場有相同特質，即會對市場作出即時反應，人們只要抓準時機，就有可能「漫天開價」。越多人認為加密貨幣有價值時，它在市場上的實際價值就越高，就像許多人認可推特創始人傑克・多西（Jack Dorsey）的第一條推特具有歷史價值，使它成功以約 290 萬美元（折合台幣約 8 千萬元）成交一樣。

獨特的故事

NFT 市場之所以會受到參與市場者的心理與行動的影響，是因為 NFT 的獨特性和稀缺性的「故事」刺激了群眾心理。這和比

特幣的情況相同。2008 年，化名中本聰（Satoshi Nakamoto）的匿
名開發者發表了比特幣白皮書[*]，隔年第一個區塊問世。從那之後
十多年來，關心金錢與金融的人持續關注比特幣。暫且不論這份關
心是正面或負面，但「具有不可偽造的稀缺性的數位黃金」故事讓
群眾浮想聯翩。現在全球有數百萬人持有比特幣。即使現有傳統金
融體制評價比特幣本身無內在價值，不過是一種投機手段罷了，但
幣圈人士仍然著迷於比特幣的故事。沒有傳統體制保障的比特幣，
靠著幣圈人士這份信任維持價值。此外，NFT 的獨特性與稀缺性
的魅力也充分地刺激了大眾心理，且 NFT 與比特幣不同，離大眾
更近，直接影響到藝術、音樂、遊戲與體育等日常生活中的事物。

零接觸環境

　　NFT 之所以受到這麼大的關注，少不了受到新冠肺炎病毒
（COVID-19）的影響。外出受限的人們宅在家的時間變長，對在
虛擬空間交易的數位商品與服務的價值，抱持更正面的反應。NFT
不同於加密貨幣，親朋好友可以一起上網「欣賞」彼此的收藏品，
或是一起玩遊戲。像這樣，以 NFT 為媒介的零接觸社交活動，預
計將隨著元宇宙的擴張迎來爆發性成長。另外，由於新型冠狀病

---

* 譯注：中本聰於 2008 年發表一篇名為〈比特幣：一種對等式的電子現今系統〉
（Bitcoin: A Peer-to-Peer Electronic Cash System）的論文，描述他對「比特幣」
電子貨幣與演算法的構想。2009 年，第一個比特幣區塊誕生，被稱為「創世區
塊」（Genesis Block）。

毒，藝術展覽、音樂劇和表演等各種實體活動大多相繼取消，NFT 恰好能提供生計困頓的藝術從業人員絕佳應對方案。藝術家無需透過中介，便可自行通過 NFT 市場與購買者進行交易，藝術家還能提供購買者「和創作者進行線上見面」等特別經驗，成為 NFT 交易的一大亮點。

　　數位智慧財產權從第三方平台移轉到原創作者的手上，藝術家對此歡天喜地。隨著這股趨勢，許多人就此跨入能從事多種創作活動的 NFT 市場。在區塊鏈上各種突破框架的有機藝術挑戰，展現了傳統制度始料不及（或者強力阻止）的潛力。社會生態轉變藉由 NFT 展開的文化革新，已經鳴槍起跑。

憂慮與期待參半的NFT未來

　　儘管 NFT 打破現有產業框架，揭示了藍海面貌，但我們也不能忽視圍繞 NFT 市場的投機與泡沫化的憂慮。投機者湧入 NFT 市場的速度過快，全球 NFT 市場總交易額於 2021 年 5 月初衝刺到當時歷史高點，而榮景不長，6 月初的交易額大幅滑落，引發唱衰聲浪，社會氛圍對 NFT 充滿懷疑，NFT 的反對者認為 NFT 正在快速泡沫化，只是一時熱潮的論點得到支持。不過同時間，有部分的人仍抱持正面態度。NFT 支持者依據 NFT 交易次數，還有 NFT 交易時使用的加密錢包數量小幅減少後又重新增加的趨勢，解釋 NFT 市場不過是單純回調，是避免 NFT 市場就像 Beeple 在佳士得

拍賣行的天價交易一樣，淪為暫時被炒作的話題。這是為了建構能
進行或大或小，多樣形式交易的健康 NFT 生態系統的必要過程。

在全球展開激烈的唇槍舌戰之際，NFT 迎來另一次爆發性成
長。2021 年 8 月，全球 NFT 市場總交易額再次直線飆升，創下歷
史新高記錄（圖 1-2）。就算與 7 月中旬的活躍交易額相比，仍然
暴漲了 70%。

圖 1-2 ｜ NFT 週交易額變化（2021.1-2021.8）

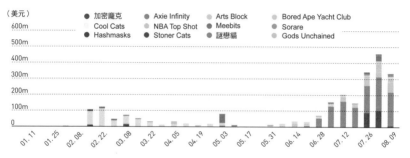

資料出處：www.theblockcrypto.com

圖 1-3 ｜ 在 NFT 交易中使用的加密錢包數的週變化
（2020.8-2021.8）

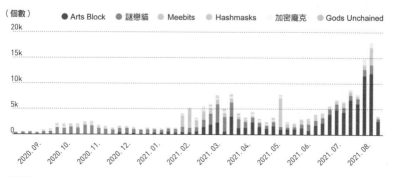

資料出處：www.theblockcrypto.com

　　此外，NFT 交易會使用到的加密錢包數量正以驚人速度增加中（圖 1-3）。在各種 NFT 平台上的一手市場與二手市場的交易數，均呈現大幅增長曲線（圖 1-4）、（圖 1-5）。

圖 1-4 ｜ NFT 一手市場交易數週變化（2020.8-2021.8）

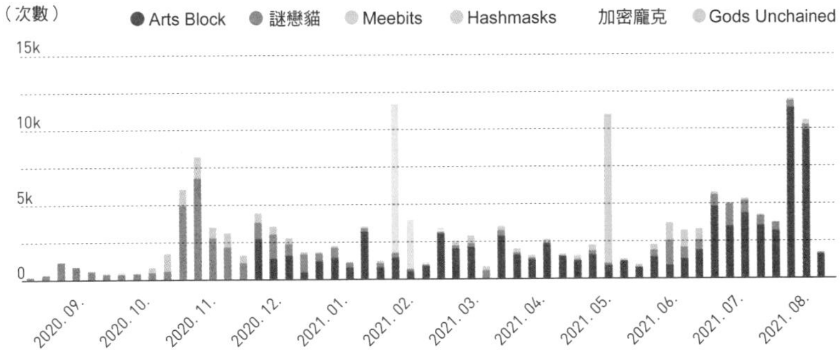

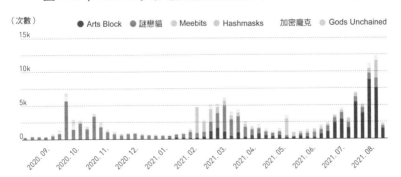

資料出處：www.theblockcrypto.com

圖 1-5 ｜ NFT 二手市場交易數週變化（2020.8-2021.8）

資料出處：www.theblockcrypto.com

　　在此，我們可以肯定的是，如今引領 NFT 成長的原動力不僅是藝術，還有各式各樣領域的交易，如：加密龐克一類的數位收藏、「Axie Infinity」一類的數位遊戲、The Sandbox 一類的元宇宙內的虛擬不動產等等。令人鼓舞的是，NFT 市場的交易形式變得大眾化與多元化，正在持續活躍中，我們已經迎來了連不熟悉數位資產的普通人也能利用信用卡，輕鬆交易代幣化商品的時代。這是 NFT 從實驗性的小眾市場邁入人們生活「慣常行為」的訊號。

　　回顧市場歷史，市場只有在人們削弱對市場的過高期待時，才會正確反映出新技術與機會的估值。儘管許多專家對 1990 年代末，隨著網際網路泡沫（Dot-com Bubble）＊湧入市場的無數「新創企業」不以為然，但改變人類生活的大型革新企業，像是亞馬遜等，都在該時期後誕生。如果我們套用高德納諮詢公司的公式「技術成熟度曲線」（The Hype Cycle）（圖 1-6）來解釋的話，NFT 在 2021 年初通過各種事件，進入了「過高期望的峰值」（The Peak of Inflated Expectation），接下來經歷了人們充滿失望，高唱悲觀論的「泡沫化的低谷期」（Trough of Disillusionmen），陷入了發展初期的困境。儘管社會上至今仍對 NFT 持負面態度，但這或許是必要之惡。

　　如今，NFT 站在了展露自身真正價值與實際運用的「啟蒙

＊　譯注：指由 1995 年至 2001 年間與資訊科技及網際網路相關的投機泡沫事件，又稱科網泡沫或 Dot-com 泡沫。

期」（Shape of Enlightenment）入口，正在進行各種實驗性嘗試。在全球注目之下，NFT 夢想著「實質生產的高原期」（Plateau of Productivity），正在走向那個未來。不，該說是走向所有人的未來。

圖1-6｜高德納諮詢公司使用於評估新興技術的「技術成熟度曲線」

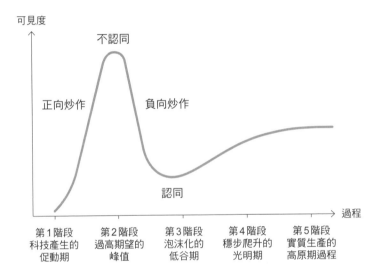

資料出處：https://www.gartner.com/en/documents/3887767

** 當新興技術出現時，呈現市場預期變化的圖表，能看出新興技術的成熟度、大眾接受度與產業化程度。雖然這種方式未經科學證明，但經驗說明了這是一種合理的預測，所以在以新興技術為主的市場上，市場分析與制定企業戰略時經常參考使用。

• NFT 特徵整理

易追蹤	在區塊鏈上公開紀錄交易明細，易追蹤。
易驗證所有權	如果有人主張你的數位作品是他的，透過數位所有權驗證，便能輕易分辨出對方說的是真是假。
可證明稀缺性	如果想知道創作者是不是真的只製作了一個正版作品？人人都能輕易看出創作者製作了幾個版本。
標準化	當你的作品被代幣化時，能避免格式化出現落差而造成問題。不用為了打開「.hwp」、「.mo3」或「.doc」的檔案而困擾。
可輕鬆地進行交易	你可以輕鬆在市場上向全世界的人們銷售你的傑作，並且自行決定供給量（版本數量）、銷售方式與結帳方法。
可程式化	如果你想隨心所欲變化你的作品的模樣，不限時間或形態的話，你可以通過程式化檔案實現。感興趣的人可參考 Async.art。
相互運用性	可相互運用是 NFT 的基本設計，所以它可以通用於各種生態系統。你的作品不是像《星際爭霸》那類的遊戲、或是像《星際大戰》那類的電影只能欣賞，而是能實際運用在電子螢幕或是戶外廣告版上。
易分割	嫌藝術作品太貴？你可以把 NFT 作品的所有權分割成一定數量的可替代性代幣（ERC-20），只買或賣一部分。B20 代幣是一個很好的例子。感興趣的人可參考 NIFTEX 和 Unicly 平台。
具有（現金）流動性	和非代幣化檔案相比，代幣化檔案可輕鬆地換成現金。藉由分割或借出 NFT，或販賣 NFT 碎片（Basket）或索引（Index），可輕鬆將你的作品、土地、整間或部分企業轉換成現金。
積極提供使用者報酬	你想從 NFT 遊戲中獲得報酬嗎？你想對 NFT 平台的經營方式提供回饋意見嗎？ NFT 通常會提供使用該平台的初期使用者可交易代幣作為報酬。

COLUMN

直到不可替代的代幣變得不可替代為止

張俊英 *

Vendys 股份有限公司事業開發室董事長

「你玩幣嗎？」

這是近來二十多歲到三十多歲年輕人見面時的常見破冰話題。即使在父母世代中，也有很多人不清楚區塊鏈技術和加密貨幣的理念與哲學，照樣投入幣圈。在位於辦公商圈的餐廳，加密貨幣是僅次於股票的熱門午餐聊天話題，現在要找沒聽過加密貨幣的人應該很困難吧？雖然韓國政府加強管束加密貨幣交易，購買不易，但加密貨幣世界終究還是變成了我們生活的一部分。

這股熱潮現在延燒到了另一個領域。如果加密貨幣能與其他等值的虛擬貨幣作交換，那麼它就開啟了一個具有固定價值的不可

---

*　畢業於美國賓夕法尼亞大學經濟系，之後進入了金融圈，負責匯率與利息類衍生性商品行銷。後來作為 Vendys 證券元老成員，為五百多家公司服務，替十二萬名上班族提供餐費管理服務（餐券隊長）。負責戰略與事業開發，開發並推出「零食隊長」六個月就成為 Kakao 送禮排行榜第一名，超越了其他零食。根據食品業統計資訊的結果，佔據 2020 年韓國搜索引擎 NAVER 零食領域搜索排行榜第五名。目前邊探索能超越「餐券隊長」與「零食隊長」的新改革方向，邊忙於 Vendys 證券策略制定。

替代代幣（NFT）時代。由於 NFT 能證明特定數位資產正本的特有價值，因此每顆 NFT 都有自己的獨特價值。此一定義透過了 NFT 向全世界重新詮釋了「所有」的概念。過去認為每個人都能輕易地「複製＋貼上」的數位圖片和影片，現在成了特定某人的所有物，而且是可賣給他人且具有獨特價值的數位資產。

藝術家率先作出了反應，因為數位著作權相關市場是最適合活用 NFT 的領域，現在只要上網搜索 NFT，就能把數位圖片和影片製作成 NFT，以幾十億到幾百億美元價格賣出。這種具有煽動性的新聞通過媒體一傳十、十傳百，使得大眾本能地把 NFT 視為發大財的投資資產。NFT 市場在短短 2 年內增長了 8 倍，成為了市場參與者急增的原因。

另外，NFT 和元宇宙的合作帶給 NFT 正向影響（元宇宙意指三維虛擬世界）。二十多歲到三十多歲的年輕人已經充分熟悉了元宇宙。我在三十多歲的時候，在賽我網（Cyworld）上製作了 Minimi[*]，在臉書上寫了簡介，管理個人臉書。當時只是沒有「元宇宙」一詞而已，在被稱為「網路空間」的虛擬世界中展現自我的方法，早已存在我們身邊。

NFT 的使用方式在元宇宙中類似遊戲道具。如前所述，因為 NFT 代表特定數位資產的固有價值，所以使用者的虛擬分身可以擁有元宇宙中特定土地、道具和資產。使用者利用 NFT 的概念，能

---

[*] 譯註：賽我網是韓國過去流行的社群交友網站，Minimi 是每個使用者在賽我網的虛擬分身。

在不同的元宇宙之間移轉資產，也能以買賣方式把正本所有權移轉
給其他使用者。最終，元宇宙成為了一種媒介，讓我們不僅擁有
NFT 資產，還能在元宇宙中自由使用。這一代人熟悉且前途無量的
元宇宙變成了 NFT 的堅實靠山，那麼 NFT 的未來當然也值得我們
期待。

　　不過，NFT 的前路還長。首先 NFT 的使用方式被權力壟斷，
對使用者不夠友善。雖然元宇宙幫助使用者輕易上手 NFT，但因兩
者之間的合作尚未活躍，使用者為了擁有所有權，必須利用 NFT
專門交易平台，如 OpenSea、Rarible 等等。也就是說，他們必
須另外學習沒有元宇宙又陌生的 NFT 概念，還有 NFT 交易平台的
使用方法。目前而言，大眾對脫離元宇宙範疇的 NFT 概念，還是
感到有些複雜、陌生，這成了新使用者進入與擴張 NFT 市場的障
礙。

　　此外，大眾雖然理解 NFT 能保障數位所有權，但有更多人把
NFT 當成像比特幣一樣的炒作投資新手段。早早開始的比特幣還沒
站穩加密貨幣中的地位，至今仍處於嚴重的炒作局面，作為加密貨
幣弟弟的 NFT，似乎很難搶先打破框架。加密貨幣和區塊鏈的穩定
度與可信度尚嫌不足，使得 NFT 很難被大眾認可為一種資產。這
也是 NFT 市場擴張的另一難關。

　　然而，雖然新的改革無法帶來如盧德運動（Luddite）[**] 或鎖

[**] 譯註：十九世紀英國民間對抗工業革命、反對紡織工業化的社會運動。

國政策[*]的改變，但正如所有的新市場，NFT 必須要承受得了大眾的懷疑視線與限制，「堅持撐下去」是必要的。希望隨著越來越多新創企業挑戰 NFT 市場，虛擬資產所有權就像實體資產所有權一樣能獲得認可，實現虛擬與實體結合的時代早日到來。

---

* 譯註：日本江戶時代實施的外交政策。

第二部分

NFT 新經濟的各種產業

1　藝術

　　大部分的人聽到 NFT 這個字時，馬上會先聯想到 NFT 藝術品。確實，從 2020 年底開始躍升新聞頭條的大型 NFT 交易大多與藝術品相關，更不乏利用 NFT 藝術品還清負債、付清兒子醫療費，從而逆轉人生等國際新聞。其中無法不提到 2021 年 3 月突然扭轉世界的那個事件：Beeple 的 NFT〈每一天：最初的 5,000 個日子〉在佳士得拍賣會上，以 6,930 萬美元的史上第三高價格得標，讓 NFT 瞬間躍升為全球的「熱門搜尋關鍵字」。

圖 2-1 加密藝術每月交易量趨勢 (2018.7~2021.7)

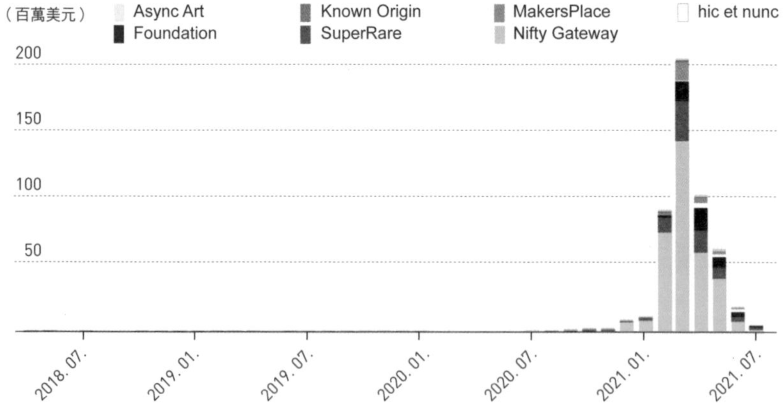

（百萬美元）　　Async Art　　Known Origin　　MakersPlace　　hic et nunc
　　　　　　　Foundation　　SuperRare　　Nifty Gateway

出處：Cryptoart.co

如同作品題目所述，Beeple 從 2007 年起 5,000 多個日子以來從不間斷，每天創作出一幅數位藝術品，此次得標的作品就是將過去這段期間創作的 5,000 個作品組合成的一個 NFT。雖然對於這幅作品的藝術性有著來自各方的不同意見，也有些人基於得標者是 NFT 基金管理公司 Metapurse 的創始人 MetaKovan，從陰謀論的角度認為這是他哄抬 NFT 價格的手段，但是可以確定的是，許多人的確因為 Beeple 的〈每一天〉而搭上 NFT 藝術熱潮的列車。

以新的藝術類型浮上檯面的加密藝術

NFT 藝術又稱為「加密藝術（Crypto Art）」，加密藝術雖然是個目前尚未完備的概念，但基本上可看作基於區塊鏈而生的珍貴數位藝術 [1]，特點是無關性別、人種、教育程度、技術等背景或經歷，任何人都可參與，有著獨一無二的神秘感，並突顯出定義主流網路文化的人物與事件。Rare Pepe 迷因交易卡、加密龐克收藏、推特創始人 Jack Dorsey 首則推文 NFT、Beeple 的諷刺社會 3D 圖像 NFT 等各種不同形式的作品，全都涵蓋在加密藝術中。

NFT 藝術與加密藝術有著密切的關係。NFT 藝術指的是透過名為 NFT 的媒介，交易藝術作品的一個市場；加密藝術則更常被視為一種新的藝術類型或藝術運動。大部分的加密藝術一開始雖是在數位上製作、編輯，但最近也出現許多將實體作品數位化後鑄造成代幣的例子，因此現在正是需要重新探討加密藝術定義的時候。

此外，製作、發行為 NFT 的所有作品是否都能稱為加密藝術也仍是正在討論中的議題。*

NFT與藝術的相遇

首先來看看從「數位」誕生的 NFT 藝術，數位藝術是透過 Photoshop、Blender、Cinema4D、Unreal Engine 等專業建模、動畫、演算、渲染軟體創作而成，作品完成後透過軟體輸出成檔案，該檔案則在區塊鏈上儲存成 NFT，也就是轉為獨一無二的識別與說明作品屬性資訊的後設資料。

在 NFT 與藝術的相遇帶來的變化中，最受肯定的部分就是透過 NFT 讓數位正本的認證與所有權證明轉為可行，藝術作品交易範圍因此能快速擴增到數位藝術，進而催生出此類數位藝術作品的銷售通路。舉例來說，Kakao Ground X 今年 7 月底推出的「Klip Drops」就是一個數位藝術家作品可以展出並流通的平台，目前每天都會介紹一幅由 24 名選拔出的韓國藝術家們推出的作品，並將這些作品以拍賣或限量版的方式出售，透過所謂「1 day 1 drop」的方式發揮出稀有性，以及考量到一般大眾的各版本定價，在藝術家與收藏者方面都獲得很好的反應。特別是第一天介紹的是韓國具代

---

* 大部分情況下 NFT 藝術與加密藝術時常被混用，本書作者們為避免混淆，將統一使用可視為上位概念的「NFT 藝術」，但第四章與名人的訪談過程中提到「加密藝術」時，為了忠實呈現訪談脈絡，將不另做調整。

表性的 NFT 藝術家 Mr.Misang 名為〈Crevasse #1〉的作品，限量推出的 999 個版本在開始販售 27 分鐘內全數售完，不僅是因為這位創作者本身的人氣，更可以讓我們確定大眾對於數位藝術的關心與對於所有權的需求。這樣的現象暗示在重視所有權的現有藝術市場中，數位藝術的立足之地將持續擴大，NFT 藝術從此不再是只屬於加密巨鯨們的遊樂園，而會滲透到我們日常生活方式中。

　　如同第一章中提到的，有形資產也可以代幣化，以實體存在的藝術品也能成為 NFT 藝術。舉例來說，使用水彩顏料、黏土、毛筆與畫布等物理性材料與道具完成的實體作品，拍下照片後將檔案上傳到區塊鏈上，就能鑄造成 NFT。在類比世界中實際存在的作品，在區塊鏈上轉化為代幣化的數位檔案形式存在，創作者可以只出售 NFT 數位檔案的所有權，也可與實體作品配對（pairing）後出售。有趣的是，因為收藏者們大部分是以投資為目的買入 NFT 藝術，偶爾也有因受限於空間難以保管實體作品，只想透過 NFT 取得數位版本所有權的情況，所以專家們並不建議一定要與實體配對。當然也不是絕對如此，NFT 藝術家們還可以選擇加上「一開始不實體與配對，等到 NFT 購買人未來想要實體作品時，再拿 NFT 兌換實體作品」的條款，等同於實體資產的「商品券」。這不是很有趣的發想嗎？

藝術作品與觀眾相遇的新方法

　　對大眾來說 NFT 藝術帶來的新鮮感已經過去，全世界正在關注如何透過 NFT 讓藝術作品以嶄新的面貌呈現並獲得評價。從 Beeple 帶動對 NFT 的關注而造成轟動的 2021 年初開始，不過才幾個月的時間，NFT 藝術市場和大眾便已漸漸成熟，部分嘲諷 NFT 藝術的聲音也開始出現。評論家們質疑大多數的 NFT 數位作品不過就是把 Instagram 上的圖片代幣化，這是否能稱之為藝術呢？

　　對於實體作品轉換為 NFT 的意見也不少，有人認為在去掉實體作品才擁有的真實感後，討論正版驗證與稀缺性還有何意義？當然，這個問題很容易回答，如同前述提到將 NFT 與實體作品進行配對交易的情況下，可擁有實體所擁有的真實感，加上區塊鏈提供的正版驗證與所有權認證的優勢，沒有比這更好的方法。此外，若能透過以大眾為目標進行的 NFT 交易活動，讓實體作品的討論度暴增，並在市場上提高其價值的話，不是一件很有意義的事嗎？但我們也知道這個問題觸碰到 NFT 與藝術結合過程中更為本質上的議題。也就是說，如果沒有鑑賞與理解藝術的心，只剩下對 NFT 的投機心態與貪慾的話該怎麼辦呢？

　　筆者是以積極正面的角度看待 NFT 藝術扮演的角色。藝術作品被視為能鑑賞與分析的消費品，同時也是能獲取資本利得的優秀投資工具。收藏家們最終不只可以得到擁有藝術品所帶來的愉悅，也會被其附帶的社會地位以及收益率吸引，進而持續投資，而且這

樣的資本流入是對藝術市場發展十分重要的要素。因此，導入擁有正版驗證與所有權證明等功能的 NFT，不只有著誕生出名為加密藝術這種嶄新藝術類型的歷史意義，在藝術品交易上更帶來前所未有的透明與創新的機會，挾帶資本作為後盾，在建立健康的藝術生態上成為更具意義的角色。

2　音樂

NFT 在音樂界也引發巨大影響。自 2020 年 6 月到 2021 年 3 月為止，已經出售近 3 萬個音樂相關的 NFT，規模出乎意料地達到 4,250 萬美元（折合台幣約 12 億元）之多。在將所有權與版權視為生命的音樂產業中，NFT 有無數個能付出貢獻的方法，所有活動方式都可以透過 NFT 進行授權（empowerment）。更重要的是，NFT 提供藝人們透過創作獲取正當報酬的權利，以及粉絲與自己喜歡的藝人形成特別關係的機會。

藝人是否有收到合理報酬？

過去透過 CD 銷售或下載數位音樂的方式銷售專輯與歌曲的藝人們，可以拿到絕大部分的收益，但隨著串流平台成為主流收聽與消費方式後，回饋到藝人們身上的收入也跟著大幅減少。

2021 年 4 月，保羅・麥卡尼（Paul McCartney）、凱特・布希（Kate Bush）、Shy FX、Kano 等超過 150 名英國知名音樂人向英國首相鮑里斯・強森（Boris Johnson）提交請願書，內容提到在現今以串流服務為主、快速變化的音樂市場中，藝人們的立足之地正在縮小，他們能獲得的收入少得誇張，政府應該透過法律保護這些藝人。串流服務創造的銷售能回饋到藝人身上的僅僅只有 15% 左

右，這與透過廣播將新發行的音樂介紹給大眾時，廣播銷售額的 50% 必須分給藝人相比來看，實在是相當低的水準。

早在 2014 年，美國龐克樂團 Vulfpeck 基於對抗這種結構上的不合理（又或者是為了籌措樂團籌備中的巡迴演唱會所需資金），向粉絲們請求一件事：透過當時最熱門的串流服務 Spotify，在夜晚睡覺時重複播放他們的《Sleepify》的專輯，當中收錄了 10 首沒有任何旋律、只有沉默的歌曲。當時在 Spotify 上，一首歌收聽超過 30 秒時才視為串流收聽，而這張專輯每首歌都是 31 秒，以每首歌 0.007 美元的分潤來計算的話，一位粉絲在夜晚收聽整整 7 個小時的《Sleepify》，約會有 5.88 美元（折合台幣約 165 元）回到 Vulfpeck 身上。

Vulfpeck 的要求或許可視作為了取得大眾關注的話題行銷或偶發事件，但也清楚呈現出在串流平台與大型唱片公司的主導之下，音樂產業已被定型及整合，藝人與粉絲的立足之地正逐漸縮小。

3LAU的創意嘗試

NFT 可說是能在已定型的市場結構下，將力量與權力送還給藝人與粉絲，也就是說，區塊鏈的去中心化原理也能夠應用在音樂市場。音樂產業創造出的經濟大餅中，不再由串流平台與大型唱片公司分食大部分收益，而是將利益回歸到音樂最重要的創作者與消費者，也就是藝人與粉絲身上，同時讓音樂市場上這兩者的關係能

夠變得更特別、更緊密。

提到音樂 NFT 領域領先的藝人，當然就是全球性的音樂家同時是 DJ 的 3LAU，他認為在圍繞著複雜版權的音樂市場中，區塊鏈能夠解決很多問題，並將自己的歌曲與專輯代幣化後銷售。特別是他透過 NFT 銷售自己的音樂創作時，活用可以自由設定銷售方式與獎勵系統這點，依照競標者出的價格準備各種獎勵商品。這是現在中央集權式的音樂產業無法想像、極具創意的方式。他銷售最佳的專輯《Ultraviolet》代幣化後拍賣時，僅一個晚上就帶來 1,168 萬美元（折合台幣約 3 億元）以上的收入，創下驚人的紀錄。

從 3LAU 與 NFT 的相遇可以明顯看出，排除大型唱片公司與串流平台這樣的專業中間人後，在友善環境下的音樂活動能夠帶給藝人們更大的選擇權與經濟報酬，也就是說，NFT 展現出能夠幫助藝人重新站上音樂產業中心的能力。（更多 3LAU 的故事會在第三部分說明。）

破除藝人與粉絲的界線

除了擁有藝人的授權，NFT 在音樂界能扮演的另一種角色就是提供藝人與粉絲們更親密互動的機會。NFT 音樂界的知名人士除了 3LAU 外，有一位曾榮獲美國葛萊美獎的製作人兼作曲家 RAC，從很久以前開始就對區塊鏈產生興趣，並尋求音樂與 NFT 的交集。

2020 年 10 月，RAC 依照 ERC-20 協議發行他自己的社群代幣 $RAC[2]，與粉絲們分享更密切的互動體驗（社群代幣的部分會在第五部分中提到）。他從 Patreon 和 Twitch 上最密切接觸的粉絲開始，發放 $RAC 給這些忠實粉絲們，提供持有 $RAC 的人進入他的 Discord 私人頻道的權限，與 RAC 相關的商品或產品的折扣等。換句話說，$RAC 代幣提供能與現在或是未來的粉絲形成更直接互動的機會。RAC 透過 $RAC 打破藝人與粉絲間的界線，共同建立更好的系統，打造所有人都可受惠的世界。

當然，NFT 和音樂的相遇不是只有正面影響，也有在對 NFT 沒有完整正確觀念的情況下，貿然跳進市場而導致社會、法律層面的問題，例如將代幣化的音樂或相關體驗視為投機資產時，可能會脫離藝人希望展現的創作與互動面向，陷入慾望的泥沼。另外，對已經習慣使用 YouTube 或 Spotify 這種輕鬆的方式與低廉的價格的一般人，透過相形複雜的 NFT 來接觸音樂作品是否值得呢？這是一個實際的問題，也是未來需要認真思考的部分。

不管怎麼說，NFT 只是讓「新技術 - 文化」的時代（以技術主導的文藝復興時代）變得可行的其中一種數位工具而已，如何運用這項技術取決於我們。這是藝人們能更具自主權地進行創作活動、取得合理的金錢報酬，並依照其想要的方式與粉絲們建立關係的時代，也是粉絲們能直接投資在藝人身上、共享成功的時代。其實投入這樣的 21 世紀文藝復興，或是擁抱像區塊鏈這樣的新技術，並非盲從，而是取決於我們對文化藝術的見解、判斷力以及想像。

在這層意義上，NFT 就不是單純的技術革命，而是一種時代精神，也是讓人們成為中心的時代精神運動，不是嗎？

3 收藏品

當自己要收集的東西以世界上唯一或限定數量的方式存在時，我們會熱衷於其稀缺性，且帶著更大的熱情去投資，對於像藝術、遊戲、體育紀念品等收藏品的投資被稱作「熱情投資」的原因就在於此。但在擁有 4,500 億美元規模的全球收藏品市場熱潮另一面，仍存在認證、詐欺、金融控管等多種令人詬病的問題也是事實。以「無信任（trustless）」為基礎的區塊鏈技術，即使對交易的另一方（如服務提供者）沒有信任感，也能透過智能合約成功進行交易，人們對於 NFT 能解決上述問題的期待感也持續增加。成為 NFT 基礎的區塊鏈技術，以及想擁有稀缺性的人類本能，兩者的相遇就是 NFT 收藏品市場爆炸性成長的原因之一。

主導市場的收藏品NFT

NFT 在 2021 年 5 月初達到單日交易量 1 億 200 萬美元（折合台幣約 28 億元）的紀錄，成為全球熱門話題，而其中約 1 億美元的交易是來自於 NFT 收藏品市場。如果說 2021 年第 1 季多虧 Beeple 這樣等級的大型交易，讓 NFT 藝術品在市場總交易量中佔最大的比重並引起媒體關注的話，2021 年 6 月則變成 NFT 收藏品佔整體交易額的 75%，一舉顛覆市場版圖。在 NFT 單週交易量來

到 3 億 4 千萬美元（折合台幣約 94 億元）的 8 月初，足足有約 2 億美元的交易是由加密龐克達成，展現 NFT 收藏品高漲的人氣。2021 年說是由 NFT 收藏品引領整個 NFT 市場（連同 NFT 遊戲）也不為過。（NFT 藝術和 NFT 收藏品在概念上並不互斥。舉例來說，加密龐克在大眾概念上是 NFT 收藏品，但是也有重視其藝術性、將其視為 NFT 藝術的觀點。）

　　如〈圖 2-2〉中看到的，NFT 收藏品能夠創下如此高的交易量紀錄的理由為何呢？首先這與這次賣出作品後到下次為止，一般來說需要間隔比較長時間的 NFT 藝術相比，大致上來說，NFT 收藏品會讓社群對收藏品的討論變得活躍，其流動性是比較好的。就像如果可從加密龐克系列中收藏到自己喜歡的一個龐克頭像的話，就會想繼續收藏更多一樣，這是因為不少狀況是想要擁有與某個收藏品相同系列的收藏品。

圖 2-2　2021 上半年帶動 NFT 市場的收藏品 NFT 交易次數

	（單位：次）
元宇宙	37,144
遊戲	72,796
功能型代幣	75,378
藝術	124,188
遊戲	299,684
收藏品	367,129

出處：nonfungible.com

　　NFT 收藏品成績如此輝煌有許多原因，比方說想要收集各種類型特殊屬性的收藏品，或判斷該收藏品未來價值會上漲而大量收購，這與人們收集實體棒球卡或籃球卡的收藏誘因沒有太大不同。

運動領域中的人氣收藏品

　　現在人氣最高的 NFT 收藏品是以運動或加密等特定領域為主題，舉例來說，加密龐克就特別受對區塊鏈與虛擬資產有極大興趣的加密原住民歡迎。對加密龐克或謎戀貓這樣的加密收藏品會在其他章節詳細探討，在此則想先談一談運動相關的人氣收藏品。

　　以近期特別受歡迎的運動 NFT 收藏平台「Sorare」為例[*]，這是一個可以交換特定賽季足球球星，且已受認證的球星收藏卡平台，使用者依各球星卡獨特的魅力、在被稱為「SO5」的 Sorare 虛擬足球遊戲中的價值，以及在第三方遊戲內的價值為參考基準來收集球星卡。首先，所謂各球星卡獨特的魅力，指的是因為每張球星卡皆有獨一無二的特點（例如：球星、系列號碼、國籍、俱樂部等），也能提供值得收藏的價值。其次，在 SO5 遊戲中的價值，指的不只是各 Sorare 球星卡獨一無二的魅力，收藏家也可以使用球星卡參

---

[*]　編註：Sorare 創立於 2019 年，是一間以區塊鏈技術為主的足球遊戲平台。受新冠疫情影響，全球各地體育活動陸續停辦或轉為線上活動，Sorare 也一炮而紅，2021 年市值達 40 億美元（折合台幣約 1,116 億元）。目前有超過 130 家歐洲足球俱樂部平台上推出 NFT，日本甲組職業足球聯賽與南韓足球職業聯賽也已相繼和 Sorare 達成協議。

與 SO5 遊戲，藉此獲取每週獎勵。最後是在第三方遊戲內的價值，指的是並不僅限於 SO5，而是可以在跨平台與遊戲中使用。

　　然而現在市場上最受歡迎的運動 NFT 收藏平台莫過於「NBA Top Shot」，以製作謎戀貓聞名的 Dapper Labs 在 2019 年 7 月與 NBA 合作推出 NFT 球星卡交易平台，從實體籃球球星卡交易中得到靈感，將 NBA 球星們比賽中的精采瞬間或比賽 High Light 這些各種 NBA 的「精彩時刻」包裝成 15 秒短片，製作成 NFT 球星卡（球星卡交易是每年 5 ～ 6 兆美元市值收藏品市場中的一部分）。如果說實體籃球球星卡僅限於不會動的圖片的話，數位籃球球星卡更著眼於豐富程度與動態影片。

　　NBA Top Shot 球星卡透過 Dapper Labs 自己的區塊鏈「Flow」發行，在各 NFT 上不只有「精彩時刻」的影片，還包含該球星賽事統計或比賽分析、重點說明、賽場內拍攝的影片等各種相關資訊的後設資料。

　　這些精采時刻被區分為幾個等級：普卡（commom）、稀有卡（rare）、傳奇卡（legendary）、終極白金卡（platinum ice ultimate）以及終極創世卡（genesis ultimate），隨著等級越高，稀有度與價值也會隨之增加。比賽史上的精采時刻或最棒的球星、傳奇球星等都是粉絲們喜愛的特徵，分等級發行的各個版本數量也是有限的，這是為了保障限量版球星卡在 NFT 交易市場能擁有相應的稀缺性。即使是相同的限定版，也不是所有球星卡都會以相同價格交易，原因在於「數字」。舉例來說，Kobe Bryant 限量版 NFT

球星卡中，版本號碼 #24/50 的價值就會比其他相同的限量版本要高很多，這是因為 Kobe Bryant 的球衣背號是 24 號的緣故。

2020 年 5 月，NBA Top Shot 功能有限的封閉測試版本搶先開放給 30 名收藏家，10 月轉為開放測試版，之後不到 5 個月，全球已有超過 10 萬名收藏家，達到共 230 萬交易次數，人氣突破天際。運動粉絲們想要永遠收藏自己喜愛的 NBA 球星的「精彩時刻」這點似乎就是它最大的賣點，透過 NFT 保存下來的這些剎那能同時抓住感性與商業價值，成為極具魅力的收藏品。知名藝人、網紅、主要媒體甚至 NBA 職業選手們也全都成為 NBA Top Shot 的狂熱粉絲。目前交易中最貴的 NBA Top Shop「精采時刻」是 LeBron James 的灌籃場景，以高達 20 萬 8 千美元（折合台幣約 580 萬元）的價格售出。

你想要收集現今世界上的哪一個場景，或是生活中什麼樣的瞬間呢？

4 遊戲裝備

　　現在遊戲市場最熱門的話題就是「遊戲裝備」，在達到 1,500 億美元（折合台幣約 42 億元）規模的全球數位遊戲市場中，遊戲裝備 500 億美元的佔比相當大。遊戲裝備包含在遊戲中使用的造型、裝備、消耗品以及裝飾玩家的角色或虛擬人物所使用的動畫等，這個市場未來預計將持續快速成長，2025 年會達到現在的 2 倍，也就是約 3,000 億美元的規模。

　　最近遊戲產業動向中最受關注的事，就是以公司角度而言收入來源正在改變這點。過去遊戲公司大部分的收益來自銷售玩遊戲的權限，例如消費者想玩星海爭霸這款遊戲的話，必須在遊戲商店購買星海爭霸的遊戲光碟，但近年取得遊戲權限的方式已轉變為免費下載的模式。現在想玩遊戲變得不再像從前需要支付幾萬元購買序號，像《要塞英雄》、《英雄聯盟》、《爐石戰記》這樣的 Free-To-Play 模式（免費／部分收費模式）的線上遊戲，使用者們直接下載或透過簡單的註冊程序後就可在網路瀏覽器上免費玩遊戲。這種遊戲模式在過去幾年間引領遊戲產業，取得巨大的成功，例如《要塞英雄》光是販售遊戲內的裝備，每年就貢獻數十億美元的銷售額。

　　那 Free-To-Play 遊戲模式是怎麼取得成功的呢？

免費（Free-To-Play）遊戲模式

　　初期的的 Free-To-Play 遊戲模式對於遊戲內廣告收入的依賴度相當高，但這樣的獲利模式多少開始限制成長性，因為以使用者為目標持續投放廣告，會與良好的遊戲體驗在根本上互相衝突。在這樣的狀況下，Free-To-Play 遊戲模式重新將目光轉向遊戲裝備，開發者們直接在遊戲內販售遊戲相關的裝備，或遊戲製作公司在經營的市場中，導入使用者們以遊戲貨幣交易裝備時，能以一部分的手續費形式創造收益的模式。

　　事實上，遊戲裝備是十分有效的收益來源。使用者們在遊戲中調整自己所培育（或者說就是自己本人）的角色造型或能力值，打造屬於自己獨一無二的特色，在遊戲社群中追求階級提升、能有效執行更困難的任務，透過這樣，會讓使用者們認為遊戲裝備越來越重要，進而形成開始連結到購買的良性循環。

　　但在開發者的立場，對於設計讓使用者購買遊戲裝備，打造一個持續提供紅利得健康經濟體系是一件不容易的事。一般來說，遊戲內銷售的裝備所有權在遊戲公司，亦即玩家購買遊戲裝備，實質上是購買對該公司持有的遊戲裝備的使用權。因此一般而言，遊戲裝備是禁止以現金賣給其他使用者的（依每個公司規定或國家略有不同），且大部分的情況下也沒有能將裝備再次出售變現的市場平台。要能讓使用者持續感受遊戲裝備的樂趣，形成一個健康的經濟體系是一件非常難的事。

　　區塊鏈技術能透過改變遊戲裝備經濟的運作方式來解決這個難題。以智能合約為基礎的 NFT 登場後，使用者們轉為將遊戲裝備以代幣型態購入，收進自己的數位錢包中，對於自身購買的裝備擁有支配權，帶來降低購買裝備在心理、經濟上門檻的重大轉變。這是因為持有代幣化後的遊戲裝備，不僅可透過市場平台輕鬆出售，當 NFT 能相通時，也能夠跨遊戲或在元宇宙平台中使用，提升效益 *。

　　隨著 NFT 漸漸導入到 Free-To-Play 遊戲中，無論大型遊戲製作公司或是小型遊戲開發者們都能透過 Enjin 等平台，以輕鬆且低門檻的方式踏進遊戲經濟中。特別是代幣化後的遊戲裝備能在使用者間再次流通，讓部分交易金額自動轉化為可收取的手續費，是對開發者最有魅力的紅利。《Nine Chronicles》、《Lost Relics》、《Town Star》、《分裂之地》以及《王國聯盟》等 Free-To-Play 遊戲都已經開始使用這種模式。

　　這裡先來聊聊前面提到的 Enjin 吧！說 Enjin 扮演了 NFT 遊戲裝備領域中最重要的角色也不為過。Enjin 團隊利用 NFT 讓任何人都可以輕鬆開發遊戲裝備後進行交易並宣傳這一點，提供市場或社群的功能，與其說它是公司，不如說 Enjin 代表的是提供並分享這種複雜服務的生態。

---

* 像這樣將遊戲裝備以代幣型態直接持有、自由交易且可在各種平台上使用的屬性被稱為開放生態系（Open Ecosystem），與現有遊戲開發公司手握對遊戲裝備的獨佔權的封閉生態系（Closed Garden）是不同的概念。

　　Enjin 是 2009 年在新加坡成立以玩家導向的平台，最初是與區塊鏈或 NFT 完全無關的 Enjin 網絡服務，協助個人使用者建立遊戲相關的網站、論壇、玩家 APP 等。Enjin 在 2017 年進軍 NFT，Enjin 的共同創立人也是最高技術指導的 Witek Radomski 製作出能將 NFT 搭載到以太坊區塊鏈的技術結構，對於現今在發行 NFT 時最被廣泛使用的 ERC-721 協議的建立上有著相當大的貢獻。之後，Witek 也站出來開發讓 NFT 能應用於更多目的，並以更低廉的費用發行的方法，最終也成為建立 ERC-1155 這種新的 NFT 協議的核心角色。

玩賺（Play-To-Earn）遊戲模式

　　未來遊戲產業會朝什麼樣的方向前進呢？這當中 NFT 又將扮演什麼角色？我們雖然無法輕易預測，但能確定由 NFT 催生出的 Play-To-Earn（玩的同時能夠賺錢，又稱玩賺）遊戲模式將改變現在的遊戲版圖。

　　Play-To-Earn 模式是從過去的付費下載模式，發展到現在 Free-To-Play 模式後，再一次進化的遊戲型態，立基於所有參與者都能對提升遊戲價值這點做出貢獻並獲利的民主主義哲學。為了能受到歡迎並提供給使用者們更好的環境，對於遊戲玩家們為提升價值而付出的時間與努力，給予相對應的報酬，才能形成健康的遊戲經濟。

　　當然，大部分的使用者是為了獲得成就感或快樂而自發地玩遊戲，但是他們對遊戲的成功同樣貢獻良多，因遊戲產生的收入若能同時分給遊戲製作者與玩家，形成雙贏的話不是很好嗎？尤其是在政治或經濟上都重視公平與民主分配的現在，應該將更多的報酬回饋到為了提升遊戲價值而貢獻重要角色的使用者身上，這類的主張也有越來越多人響應。

　　那麼現在有能夠實現 Play-To-Earn 模式的遊戲嗎？

　　事實上，以 NFT 為基礎的遊戲很難明確區分是 Free-To-Play 還是 Play-To-Earn，老實說也沒有區分的必要，因為以 Free-To-Play 為基礎的許多遊戲在某個程度上也同時帶有 Play-To-Earn 的要素。舉例來說，如果使用者在遊戲內完成特定任務所獲得的 NFT 遊戲裝備可利用市場平台出售給其他使用者的話，這也滿足「賺」的目的。當中被認為對建立 Play-To-Earn 遊戲經濟扮演領導角色的遊戲，是在 2021 年夏天席捲 NFT 市場的「Axie Infinity」，每當在討論 NFT 市場的動向時，雖然大型 NFT 藝術品的交易量有所減少，但像「Axie Infinity」這類的平台每週使用者人數持續刷新最高紀錄，也讓大眾越來越熟悉這個名字。

　　雖然對於這個遊戲會在第三部分中做更詳細的說明，但在此先簡單介紹一下，「Axie Infinity」的玩家要培養名為 Axie 的寵物，並透過它們參與戰鬥獲得勝利，取得名為滑順愛情藥水（Smooth Love Portion, SLP）這個依 ERC-20 協議發行的代幣。當然，取得 SLP 的方法不只這一種。玩家可以使用 SLP 繁殖 Axie，或在像幣安

這類的交易所交易。玩家們投資在遊戲上的時間與努力轉換為能以金錢報酬方式收取的體系，從中長期來看會是個能吸引更多使用者、讓遊戲更活躍並持續提高遊戲價值的方向。

　　從傳統的付費遊戲轉變為 Free-To-Play 的今天，NFT 以超越國界、更有創意與自律的方法，幫助建立全新的遊戲經濟體系，這也是許多人將遊戲視為 NFT 市場未來的原因。

5 數位不動產

NFT 與數位不動產有著密切的關係，這是比我們想像中還要更大的市場。NFT 數位不動產 APP 中最有名的 Decentraland，2017 年始於以太坊的元宇宙平台，與加密龐克、謎戀貓一起被稱為 NFT 平台的元老。

代表性的NFT數位不動產APP：Decentraland

賦予使用者一個虛擬人物可以在 Decentraland 的虛擬 3D 世界中隨心所欲的遊走，可以使用名為「MANA」的 ERC-20 協議代幣購買名為「LAND」的 NFT 數位土地。對於 LAND 的所有權會被紀錄並保存於區塊鏈上，使用者可以在土地上興建自己想要的建築物，也可以與其他使用者進行交易。以 2021 年 6 月為基準，透過 Decentraland 交易的數位土地規模超過 6,300 萬美元（折合台幣約 17 億 5 千億元），可以感受到它受歡迎的程度。

MANA 能在幣安、Kraken、芝麻開門（Gate.io）等一般虛擬貨幣交易所內交易。2020 年初，每 1 枚 MANA 代幣才值 2 到 4 分美元，但在 2021 年 4 月已飆漲到 1.5 美元，經過價格調整後，2021 年 8 月價格已來到 70 到 85 分美元左右。隨著 MANA 貨幣價值越高，越早參與 Decentraland 的人們（也就是很早就開始持有

MANA 的人們）就能獲利。

過去 2 年間 MANA 代幣價格上升數十倍，彰顯了使用者們不斷地湧入 Decentraland 的事實，未來 Decentraland 會在 NFT 與元宇宙社群承擔相當重要的角色。實際上，Decentraland 團隊曾以交換 MANA 為條件進行募資，不到 1 分鐘就籌到 2,600 萬美元（折合台幣約 7 億 2,596 萬元）。

在 Decentraland 中，不只有美術館、賭場等各種建築，還能夠舉辦像時尚秀或尋寶這樣的社群活動。那麼是誰來管理這個世界呢？答案是社群。換句話說，Decentraland 並非是一個中央組織，只要一直積極參與 Decentraland 的「任何」使用者都可以成為它的主人。使用者們透過分散式自治組織（Decentralized Autonomous Organization, DAO）的智能合約決定如何管理與發展 Decentraland，舉例來說，對於土地交易或允許特定內容執行與否有關的政策，可以提出提案書後進行投票，此時為了防止隨機與無效投票，投票僅限持有 MANA 的人才可參與。

那麼數位不動產為什麼在 NFT 世界中的角色如此重要呢？這是因為藝術家、收藏家、加密專家們都可透過像 Decentraland 這樣的 NFT 數位不動產平台交流與 NFT 相關的各種資訊、交易 NFT，討論元宇宙未來要走的方向。

如 SuperRare、MakersPlace、KnownOrigin 等首屈一指的 NFT 藝術交易平台會在 Decentraland 開展場展示、銷售藝術品，許多加密藝術家會透過各種型態的虛擬展覽宣傳作品。不僅如此，製作

NFT 音樂的藝人們也會在 Decentraland 舉辦音樂祭或發表會等以推廣自己的音樂。使用者們也能夠在自己買下的數位土地上興建屬於自己的家,並邀請朋友一起進行各種主題的討論交流,度過愉快的時光。

如果你是持有像謎戀貓或 Meebits 這樣的 NFT 收藏品的話,也有一個好消息。這樣的收藏品也能與 Decentraland 連結,讓自己帥氣又獨一無二的角色能在元宇宙上展示給更多人看。NFT 數位不動產串聯起可在虛擬世界中交易的各種 NFT 與對此有關心的收藏家、參與者,協助 NFT 以各種新面貌發展,扮演潤滑劑的角色。

界線逐漸模糊的元宇宙與現實世界

雖然 NFT 不動產一開始是與 Decentraland 一起出現,但後來隨著各種元宇宙平台誕生,現在正在形成一個巨大的元宇宙世界。在美國代表性的 NFT 數位不動產平台 Sandbox 上,土地交易量已超過 2,300 萬美元(折合台幣約 6 億 4,225 萬元),CryptoVoxels 與 Somnium Space 的交易量也分別超過 1,100 萬美元與 1,000 萬美元。使用者可以在所有數位世界中買土地,也能夠像現實世界在持有的土地上開發或將未開發的土地轉讓,自己持有的建築物可以設定成任何人都可造訪或是限制出入,在元宇宙中的世界和現實世界沒有太大的區別。

元宇宙與現實世界變得漸漸接近的這件事,可以從專業投資

公司也開始參與數位不動產投資的這件事中窺探一二。專門投資實體不動產計畫與 IT 新創產業的公司 Republic，設立了一檔名為 Republic Realm 的數位不動產基金，將資金投資在 Decentraland 與 Sandbox 等元宇宙平台的不動產。有趣的是，他們是用與一般實體不動產開發業者相似的型態，去進行在元宇宙中的數位不動產開發計畫，買入寬闊的（數位）土地後興建購物中心，對時尚、餐飲業者、遊戲開發者與藝術家們進行招商，提供購物中心的店面或數位廣告看板，並收取實質的租金。合作業者可以將自己的商品或服務，透過購物中心的店面或廣告看板進行宣傳，宣傳內容也不一定要是 NFT 商品或只能在網路上銷售的產品，例如使用者可以在 Decentraland 中的達美樂商店下單，並在現實世界的家中收到真正的披薩。Republic Realm 於 2021 年 6 月以 90 萬美元（折合台幣約 2,500 萬元）在 Decentraland 買下 259 parcels（在 Decentraland 交易土地時使用的基本單位）的數位土地，這是單一數位不動產交易有史以來最大的規模。

　　元宇宙與現實世界的界線正在被打破，這點也能從 2021 年 6 月蘇富比在 Decentraland 開設虛擬展場中獲得證實。蘇富比在 Decentraland 裡的知名藝術活動聖地 Voltaire Art District 上，開設與位於英國倫敦新龐德街蘇富比展場外觀完全相同的虛擬展場，這是為了宣傳蘇富比在 2021 年 6 月拍賣活動「Natively Digital: A Curated NFT Sale」所開設的展場，這次活動讓加密龐克 #7523 以 1,180 萬美元（折合台幣約 3 億 2,900 萬元）破紀錄的價格得標，

引發大眾關注。

　　蘇富比不僅將這個虛擬展場視為一次性的活動，而是期待未來能成為與更多元的藝術家與收藏家們合作的通路，除了宣傳透過蘇富比拍賣的數位藝術作品外，還能與四面八方的元宇宙參與者一起探索加密藝術的發展方向，作為聽取他們的意見的交流場域。

韓國的案例

　　那麼韓國呢？現在雖然還沒有像 Decentraland 一樣以 NFT 提供數位不動產服務的平台，但是已認知到元宇宙與 NFT 有著密不可分的關係，正透過各種嘗試讓其融合為一體。

• Naver Z 的 ZEPETO

　　ZEPETO 是 Naver 關係企業 Naver Z 所開發的全球知名元宇宙平台，在 ZEPETO 提供的元宇宙世界中，使用者可以使用自己的虛擬人物享受各種遊戲、社交網絡與擴增實境（AR）內容，2021 年已擁有 2 億名以上的使用者，影響力擴及全世界。特別是在 ZEPETO 中可以將自己的臉透過 AR 與 3D 技術製作出 3D 虛擬人物，超越年紀、性別、種族、地區，與全世界不同的使用者互動、造訪各種場所、享受多樣的內容服務這點，可說是這個平台最大的魅力。

　　ZEPETO 於 2021 年 5 月與 Sandbox 成為合作夥伴，準備踏入 NFT 領域。透過這次的合作，希望能提升互通性（interoperability），在 ZEPETO 內以 Sandbox 為主題建立一個區域，同時在 Sandbox 建立 ZEPETO 世界，讓 ZEPETO 平台的面貌能在 Sandbox 中呈現，獨有的道具與財產也能在對方平台上提供，讓使用者們認識並熟悉雙方的平台。

　　有趣的是，ZEPETO 透過這次的合作推出首個 NFT，只要使用 Sandbox 的貨幣 SAND 購買後，就可以在 Sandbox 內使用。雖然還不能在 ZEPETO 元宇宙中使用 NFT，但 Naver 已經邁出將區塊鏈技術與元宇宙結合的第一步，具有重大的意義。在有關這次合作的報導中，Naver X 相關人士所提到的以下內容中更清楚表明了這個目標：「這次合作是為了提升 ZEPETO 的互通能力，在與各種平台合作的第一階段，我們計畫與 Sandbox 共同持續探索元宇宙與區塊鏈融合的各種可能。」[3]

• Kakao 的 Klaytn

　　和 Naver 一樣被選為韓國兩大網路平台的 Kakao 又是如何呢？

　　有趣的是 Kakao 和 Naver 相反，它似乎準備先涉足區塊鏈與 NFT 市場，再使其與元宇宙接壤。Kakao 的區塊鏈關係企業 Ground X 自行開發公共區塊鏈網絡 Klaytn，並發行 Klaytn 代幣 KLAY，以低廉的手續費與快速的處理速度著稱，期待能在更多領

域被使用。事實上，不少企業會參與 Klaytn 的管理委員會以了解未來導入 Klaytn 的方案，參與這個委員會的公司們扮演對 Klaytn 平台的技術與事業未來方向及議案進行決策與提供建議的角色。Klaytn 代幣於 2021 年 7 月已創下市值 3 兆韓元（折合台幣約 697 億元）的紀錄，在市場參與者中獲得高度評價。

　　Ground X 的另一個區塊鏈相關的服務 Klip，是一項在 2020 年 6 月推出的數位資產管理錢包服務。優點是與 Kakao 手機 APP 連動，無須另外下載其他 APP 就可以使用，因此使用者數快速增加，在 2021 年 7 月的現在已擁有超過 100 萬名的使用者。

　　建構區塊鏈基礎建設的 Ground X 將此視為跳板，正式跳進 NFT 市場，在 2021 年 5 月推出 KrafterSpace，讓任何人只要上傳圖像或影像等數位內容，就可以馬上發行以 Klaytn 為基礎的 NFT 協議 KIP-17 代幣，該 NFT 也能在全世界最大的 NFT 市場 OpenSea 中交易。

　　這裡更進一步地來談前面有提過在 2021 年 7 月推出的 Klip Drops。Klip Drops 並未止步於將各種數位作品代幣化，Ground X 連宣傳與流通都能支援。透過 Ground X 內部審查後，選擇藝人與創作者，將他們的作品紀錄於 Klaytn 上並發行限定版數位作品，便可在名為 Klip Drops 的平台上流通銷售。Ground X 解釋，Klip Drops 透過 Kakao Talk 連動，因此更容易上手，便於提升使用者對作品的理解並引導購買。如果說 KrafterSpace 是以 Klaytn 為基礎讓任何人都可以發行 NFT 的服務，Klip Drops 則是只有與 Ground X

達成協議並獲得邀請的創作者才能擁有發行作品的機會，此為兩者最大的差異。

　　Kakao 至今尚未公布對於元宇宙的明確藍圖，但是專家們一致認為它已擁有區塊鏈與 NFT 的技術，並看好 Kakao 未來以此進軍元宇宙世界。相較於在元宇宙市場雖已嶄露頭角卻尚未轉換到區塊鏈系統的 Naver，Kakao 可說是選擇走向完全不同的道路。但是這只是單純順序不同而已，不管是在區塊鏈基礎上的元宇宙，或是建立這樣的空間將所需要的元素代幣化（NFT 不動產 APP 或是與此類似型態的所有權體系），韓國的兩大網路平台 Kakao 與 Naver 所展望的方向似乎都沒有錯。

元宇宙中的 NFT 文化融合現象

閔文鎬

Awesomepia 股份有限公司執行長、成均館媒體文化融合研究所兼任教授、
韓國人工智慧倫理協會常任理事、韓國雜誌媒體融合協會理事

　　將想像中的奇幻世界搬到現實，這就是文藝界大師史蒂芬・史匹柏導演的電影《一級玩家》！在陰鬱的 2045 年，在與現實世界不同的元宇宙空間 OASIS 中，任何人都可透過屬於自己的虛擬人物，探索過去、現在、未來，與藝術品中的人物相遇交流。電影中的 OASIS，現在以元宇宙這個名字，在美國主要科技巨擘（Google、Apple、Microsoft、Amazon、Facebook 等）的主導下，正在建立 C（內容，Content）、P（平台，Platform）、N（網路，Network）、D（裝置，Device）的生態系。

　　元宇宙目前集中在遊戲與娛樂產業，由所謂 MZ 世代掌握市場中樞，但未來將會擴散到製造、醫療、建設、教育、零售等所有產業，亦即在不久的未來，所有年齡層都將在元宇宙中進行社會、經濟與文化活動。全球知名顧問公司 PwC 指出，2030 年元宇宙

市場將達到 1,700 兆美元（折合台幣約 4 京 7 千兆元）的規模。在已向我們快速逼近的元宇宙世界中，我們的角色，或我們目前正在做的工作要如何符合元宇宙時代去發展等，現在正是要深度思考這些問題的時候了。

　　元宇宙相關產業為了持續成長，最重要的元素是什麼呢？當然就是完整的經濟活動。也就是說，要能對於我在虛擬世界中努力的代價及所有權給予認證，我在虛擬世界中的資產必須能轉換成在現實世界可通用的貨幣則是前提，如此元宇宙生態才能擴張，成為繼網際網路後真正的強者。滿足這種環境的技術就是以區塊鏈為基礎的 NFT，以現在趨勢來看將會成為元宇宙的核心。

　　因 NFT 的發展而直接受惠的產業當然就是文化藝術，特別是最近在藝術作品中更可看到 NFT 的影響力。伊隆馬斯克的前女友格萊姆絲的數位藝術作品以 600 萬美元以上的價格售出，以 Beeple 為藝名的創作者，其 304MB 的作品〈每一天〉在佳士得紐約拍賣會上以 6,930 萬美元得標掀起話題。當然，從這一連串的案例看來，目前 NFT 市場熱度並不是很正常，這也可能是因為炒作而產生的泡沫，考量到會讓一般人感到憂慮的這點，未來 NFT 要成為產業，預計還要經歷許多執行上的挫折。

　　但是，從 2020 年開始持續壟罩在新冠肺炎疫情的影響下，讓許多觀光、文化及藝術從業者陷入經濟困難，此時元宇宙的可能性與潛力就像救援投手一樣，而元宇宙中讓經濟活動順利進行的媒介就是 NFT。如同電影《一級玩家》的劇情，未來的我們也將戴上

XR 裝備進到藝術作品中，化身為數位人物聽取作者對作品的說明，與作品中的主角們充分交流後買下數位藝術 NFT 吧？

　　設計出時間、空間、人間後，元宇宙與 NFT 正在一起進化！這兩者現在已經成為密不可分的關係，為了讓兩者朝更有意義的方向發揮影響力，不只民間企業，更應該積極要求政府關注與支持。在 2030 年預估將會成長到全球 1,700 兆美元市值的元宇宙，雖然還不知道誰會成為這個蓄勢待發市場的主角，但期待作為 IT 強國的韓國能夠成為其中的關鍵角色。

第三部分

如何鑄造 NFT

1 NFT 市場平台比較

市面上有著各式各樣的 NFT 市場平台，本章將探討在最基本且經典、用以太坊為基礎的市場平台上如何交易 NFT。現今大部分的 NFT 市場平台都使用以太坊上依 ERC-721 標準協議發行的代幣進行交易，也更容易進行比較分析。

用以太坊為基礎的 NFT 市場基準有很多，但大體上可依使用者能否透過該平台直接製作、出售 NFT 分為使用者生成（user-generated）市場與非使用者生成市場，各市場交易的項目涵蓋藝術品、收藏品、遊戲、分散型金融商品、功能型代幣（擁有某項服務使用權限的代幣）、元宇宙、運動等，這些項目的區分在某種程度上而言並不嚴謹。舉例來說，就像之前曾提到過的加密龐克，要分類為收藏品還是藝術品便眾說紛紜，而本書為方便說明，將比照現今社會上通用的區分法，例如加密龐克比起藝術品，更常被認為是收藏品。

使用者製作的NFT市場

使用者製作的 NFT 市場主要交易圖片、音訊、影片型態的作品，依照其「開放」的程度，分為無需許可型（permissionless）、半遴選型（semi-curated）、完全遴選型（fully-curated）等三類。

• 無需許可型的 NFT 市場

　　任何人都可以在無需許可型的 NFT 市場輕鬆上傳媒體檔案後，以 ERC-721 或 ERC-1155 協議型態發行代幣，具代表性的例子有 Rarible、OpenSea、Zora 等，可交易代幣化後的藝術品、虛擬土地、收藏品、遊戲與歌曲。每個市場可交易的項目或使用者介面都有些不同，使用者們依想瀏覽或交易的項目去選擇最適合的平台即可，像這樣可自由選擇的趣味就是無需許可型市場的優點。

　　無需許可型市場也以進行各種宣傳方式聞名。舉例來說，Rarible 會分配名為 $RARI 的平台治理代幣給每週參與交易的使用者，以鼓勵繼續使用平台，並讓他們擁有參與平台治理決策的權力。使用者們能使用獲配的 $RARI 購買 NFT，或在 Uniswap 等以去中心化加密貨幣交易所聞名的網站兌換成以太幣，在這點上被評為相當成功的推廣模式。

• 半遴選型的 NFT 市場

　　半遴選型的 NFT 市場以交易藝術品 NFT 為主，特徵是需要受到某人邀請或取得許可，才能上傳作品。這種市場的代表案例為 Foundation 與 Blockparty，想在 Foundation 中銷售作品的創作者，需要先取得可邀請其他創作者的邀請碼後，才能打開進入 Foundation 的大門；而 Blockparty 的特點是創作者們可以在線上建立屬於自己的商店（storefront），透過規定的註冊與本人認證程序，

創作者們可透過自己的商店展示、銷售 NFT 作品。與無需許可型市場比起來，因為符合進場資格的創作者有限，在收藏家的立場來看，藝術作品相對水準較高是它的優點。

• 完全遴選型的 NFT 市場

完全遴選型的 NFT 市場平台代表案例有 SuperRare、Nifty Gateway、Crypto.com 等，這些平台將藝術品 NFT 交易專業化，因為只有被遴選到的創作者才會被賦予上傳作品的權限，作品水準整體上來說很高。但因申請者數多，造成遴選過程需要花比較多時間，僅以特定創作者與收藏家為對象經營的這點，可說酷似傳統藝術市場中的藝術展覽館。

非使用者製作的NFT市場

非使用者製作的 NFT 市場平台如其名，被設計成使用者只能購買特定區塊鏈公司發行的 NFT，其特點是公司已經事先定好可交易的 NFT 數量，並擁有活躍的 Discord 社群與推特粉絲。由於以公司為中心，主要交易 NFT 收藏品，尤其是像加密龐克這樣見證 NFT 市場的誕生與發展的元老 NFT 專案們，因其所具備的獨有特徵、外型、稀缺性，讓收藏家們狂熱追捧。目前最受歡迎的 NFT 收藏品有加密龐克、謎戀貓、Meebits、Avastars 等。

代幣化的運動收藏品是最近非使用者生成的 NFT 市場中最盛況空前的交易項目之一，具代表性的市場有 NBA Top Shot 與 Sorare。自 2021 年初便已佔據媒體版面，目前仍然展現驚人交易量的 NBA Top Shot，是 NBA 與 Dapper Labs 一起推動的的平台，讓 NBA 粉絲們可以收集並交易 NBA 精彩瞬間的影片，因擁有當收集到特定數量的精采瞬間影片即可獲得相應報酬的遊戲元素，會讓使用者不停繼續交易。Sorare 是讓足球粉絲可交易官方認證 NFT 球星卡的平台，使用者若收集到一定數量的球星卡可獲得獎勵，並在名為「SO5」的虛擬足球遊戲中以球隊經理身分去經營球隊。NBA Top Shot 與 Sorare 已成為全球備受矚目的 NFT 運動收藏品市場。

另一個無法不提到的市場就是遊戲，特別是像「Gods Unchained」、「Axie Infinity」、「F1 Delta Time」等 Play-To-Earn 遊戲，是最近炒熱 NFT 市場的熱門話題。Play-To-Earn 就是「邊玩邊賺」，是遊戲中的資產轉換為現實資產的市場，使用者（遊戲玩家）可以將轉為 NFT 型態的遊戲裝備帶到像 OpenSea 這樣無需許可型的 NFT 市場兌換成加密貨幣。像這樣可以透過外部交易所將遊戲內裝備換為加密貨幣，最終可兌現的這點，是和目前線上遊戲最大的差別。特別是最近掀起熱潮的「Axie Infinity」，是透過名為 Axie 的角色進行遊戲，對於全球許多因新冠肺炎疫情而經濟面臨困難的人，成為重要的（有時是唯一的）收入來源。在 NFT 走向超越國界、形成文化共同體的現在，我們必須思考如何將其社會影響力擴散到更好的方向上。NFT 在短時間內成為主流，並且更重要

的是，已發展成反映、領導時代精神的數位微觀經濟。

元宇宙NFT市場

在元宇宙 NFT 市場中，使用者們主要生成虛擬人物後進行交流，連動數位錢包來買賣數位藝術品、音樂、衣服、虛擬土地等各種 NFT。此時，使用者們可透過直接生成內容（User Generated Content, UGC）參與經濟活動，連結社群媒體進行更親密的社交活動，這是為什麼 NFT 與元宇宙的相遇會帶來大量關注的原因。

這類型的主要平台有 Decentraland、Cryptovoxels、Somnium Space、Sandbox 等，尤其頂尖藝廊都爭相進軍 Decentraland 與 Cryptovoxels，對於提供數位藝術家們能更自由展演作品的虛擬空間這點尤其重要。建議一定要造訪看看 Decentraland 的「100×ARt District」藝廊，每天都有數十名收藏家在此展演最棒的加密藝術作品。

100×ARt

2　如何自己鑄造 NFT

　　讓我們來試試看在具代表性 NFT 市場之一的 Rarible 鑄造 NFT 吧！為了幫助理解，以下圖片是從 Rarible 韓文版網站（rarible. com）擷取而來，作為範例使用的圖片是筆者小時候創作的圖畫，如果有讀者想要它的所有權的話請跟我說，筆者隨時都準備好把它變成代幣。

　　那麼，如果手上已經準備好想要鑄造的作品，就讓我們來開始這段興奮的旅程吧！

圖 3-1 Rarible 網站的主要畫面

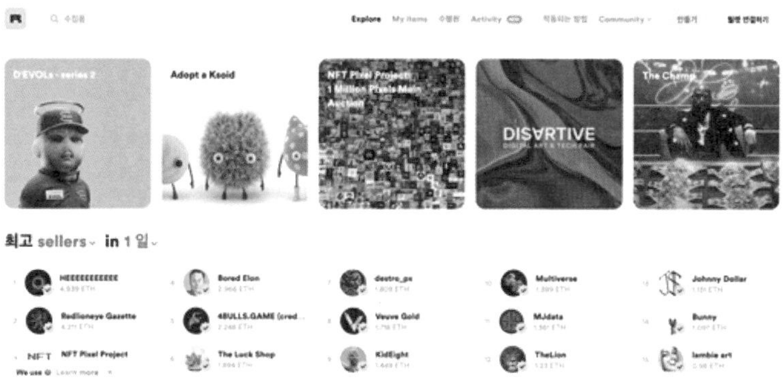

・**Step 1**：在 Rarible 網站註冊後按下連結錢包，這是連動你的數位錢包的過程，如果你現在沒有使用數位錢包的話也不用擔

心，建立一個新的就可以。做為參考，以「小狐狸錢包」聞名的
Metamask，是目前 NFT 市場中最普遍的數位錢包。

圖 3-2 鑄造 NFT-1（Step 1）

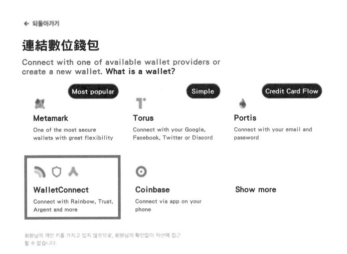

· **Step 2**：準備好數位錢包後，按下頁面右上區塊的製作按鈕。

圖 3-3 鑄造 NFT-2（Step 2）

· **Step 3**：接著會跳出選擇「單一」或是「多個」的問題，「單一」
是該作品只建立一個 NFT，只能銷售給一名收藏家；「多個」
則是建立一個以上的副本，並鑄造成數個個別獨立的 NFT 後，

可銷售給多位收藏家的選項，此時的副本會被稱為「版本」。首先我們為了方便說明，以下用「單一」為例。

圖 3-4 鑄造 NFT-3（Step 3）

製作 NFT

如欲銷售獨一無二的商品，請選擇「單一」，如欲銷售多個同一商品，請選擇「多個」。

· **Step 4**：現在就到了上傳你的檔案的時候，可以上傳在 30Mb 內如 PNB、GIF、WEBP、MP4、MP3 等格式的檔案。若選擇上傳 MP4 檔時，還需要另外上傳縮圖檔，如果跳過這個步驟的話，作品的預覽圖就會是空白的。有個小技巧是可以把 MP4 檔轉成 GIF 檔後上傳，就可以產生會動的預覽圖了。

· **Step 5**：現在來決定出售方法與價格吧。Rarible 提供固定價格
（fixed price）、限時拍賣（timed auction）、無限時拍賣（unlimited
auction）等三種出售方法，一次只能選擇一種方法，所以要仔細
思考。

圖 3-5 鑄造 NFT-4（Step 5）

　　固定價格：收藏家只能以你選的「固定」價格買下作品。要
注意的是，如果不小心沒有設定價格，收藏家只需要支付以太坊上
的交易手續費，也就是礦工費，即可買下你的作品。這裡可選擇想
向收藏家收取的加密貨幣幣別，目前可選擇的加密貨幣有 $ETH、
$DAI、$USDC、$RARI、$ASH、$ATRI 等多個種類。

圖 3-6 鑄造 NFT-5（Step 5）

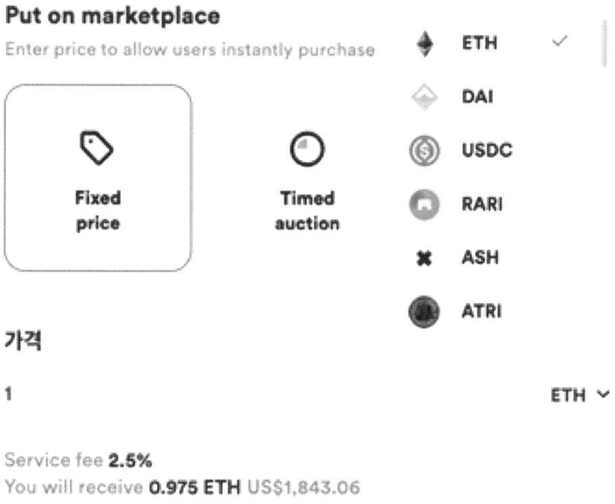

　　限時拍賣：意即拍賣的開始與結束時間固定，作為賣方也是
發起拍賣者的你，必須設定在拍賣中使用的加密貨幣與底標價以及
拍賣時間，做為參考，要注意到拍賣一旦開始後，只要有任一人競
標，該拍賣就無法被取消。

圖 3-7 鑄造 NFT-6（Step 5）

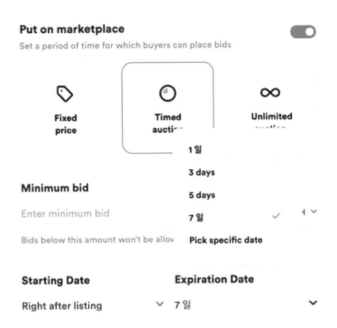

買家必須要滿足下列兩個條件才能競標：第一，競標出價必須在賣家所定下的底標價格以上；第二，競標出價需比當下最高出價至少高 5% 或 0.1 以太幣。

有趣的是在拍賣截止前最後 10 分鐘內，若有新的出價時，拍賣結束時間就會自動延長 10 分鐘，那麼就會展開競標者間所謂的「競價戰」（bidding war），為包含你在內的觀戰者增添樂趣。

賣家是否要接受最高出價需在拍賣結束後 48 個小時內決定，建議最高出價若高於底標價的話就接受，因為這也是讓收藏家們看到你尊重拍賣系統的好印象，這是會讓你的聲望在 NFT 市場提高的事。記住，在從最高出價者那裡收取得標價格時，所產生的礦工費是由身為賣家的你來支付。

無限時拍賣：這是當作為賣方也是發起拍賣者的你，認為當前出價可得標且接受該價格的話，拍賣才會結束的方法。這個方法可以讓你在想要的時間點，以想要的價格得標，因此一開始不需要指定底標價，適合在賣方想讓作品以市場訂下的價格出售時使用。舉例來說，你上傳作品後，重複幾次讓第一個出價者得標的方式後，在收藏家間就會對你的作品形成合理的價格區間，對以後出售作品定價上會有幫助。同樣的，在向得標者以加密貨幣收取得標價時，所產生的礦工費須由你來支付。

圖 3-8 鑄造 NFT-7（Step 5）

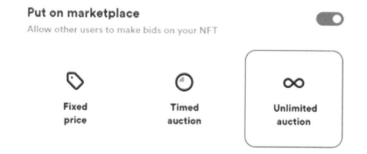

· **Step 6**：下個階段是決定要另外建立屬於你的作品（Collection），
還是使用 Rarible 提供的預設作品，這是取決於你想以 ERC-721
協議去生成 NFT，還是以 Rarible 提供的多重代幣標準 ERC-1155
環境下生成 NFT。如果選擇前者，按下「製作」時賣方需要輸
入更多資訊，製作 NFT 上也需要更多以太幣，因此第一次製作
NFT 時，推薦選擇 Rarible 作品。事實上 Rarible 使用者大部分都
選這個選項。

圖 3-9 鑄造 NFT-8（Step 6）

選擇生成方式

· **Step 7**：「購買後解鎖」這個選項是可輸入只向買家公開的資訊
欄位，就像你與買家連結的特別互動空間。舉例來說，可以提供
你不公開的網站位址與密碼，分享更多體驗。若你的 NFT 作品
有實體版本的話，可以輸入如何以特別價格購買實體的資訊。

圖 3-10 鑄造 NFT-9（Step 7）

購買後解鎖

Content will be unlocked after successful transaction

在此輸入解鎖內容（如網址）

Markdown is supported
Unicode symbols are NOT supported

　　接下來輸入你作品的名稱和說明，說明可自由選擇填寫與否。作品一旦鑄造完成後，就無法更改相關資訊，因此需仔細檢查拼字與文法，作品的版稅（紅利）也可以在此決定。版稅是你的 NFT 每次在二級市場交易時，一部分的交易價格將依你所訂定的比率（%）回饋的制度，也就是每當你的 NFT 在這個世界上所有權被轉移時，永遠都得向你支付版稅，是一個提供給原創作者更多力量的創新系統。

圖 3-11 鑄造 NFT-10（Step 7）

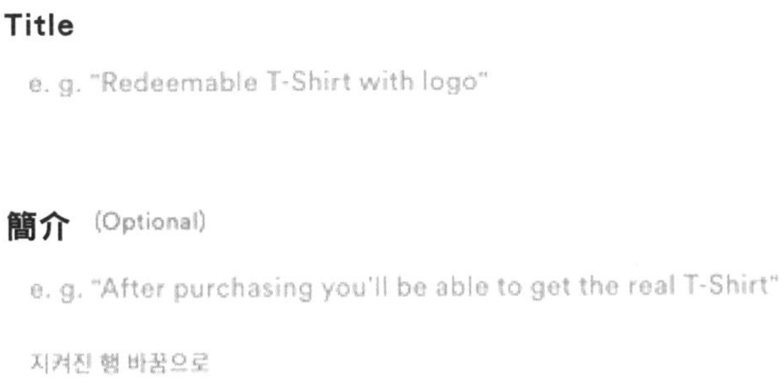

Title

e. g. "Redeemable T-Shirt with logo"

簡介 (Optional)

e. g. "After purchasing you'll be able to get the real T-Shirt"

지켜진 헴 바꿈으로

版稅

10　　　　　　　　　　　　　　　　　　　　　　　　　　　　%

Suggested: 0%, 10%, 20%, 30%

Show advanced settings

　　版稅一般都訂在 10% 左右，但是可依需求訂更高或更低。無需追蹤你的 NFT 在何時、何地、如何交易就可以永久獲得版稅這點，是透過區塊鏈代幣化的最大優點之一。

　　這裡按下「Show Advanced Settings」的話，會出現可對檔案類型與大小，以及對作品追加說明的「性能」欄位。這雖然是選填項目，但是對收藏家來說珍貴的資訊，請善加運用。

圖 3-12 鑄造 NFT-11（Step 7）

Hide advanced settings

性能 (Optional)

e.g. Size　　　　　　　　　　　　　　e.g. M

Alternative text for NFT (Optional)

Image description in details (do not start with word "image")

Text that will be used in VoiceOver for people with disabilities

　　如果前面在 Step 3 不是選擇「單一」，而是選「多個」的話，也就是決定對你的正本發行一個以上的版本時，在這裡可填入想要的副本數量（如果在 Step 3 選擇「單一」的話，就不會出現「副本數量」的項目）。對正本發行的副本數與稀缺性息息相關，稀缺性對於市場決定作品價格上是相當重要的元素之一，因此需要慎重決定。

圖 3-13 鑄造 NFT-12（Step 7）

版稅　　　　　　　　**副本數量**

10　　　　　　　　%　E. g. 10"

Suggested: 0%, 10%, 20%, 30%　　Amount of tokens

Show advanced settings

· **Step 8**：準備好的話按下「Create Item」。

圖 3-14 鑄造 NFT-13（Step 8）

Creat item

　　你的螢幕就會跳出數位錢包彈出式視窗，為了將上傳的檔案轉換為 NFT 需要支付礦工費，根據當下區塊鏈網路壅塞程度價格也會不同。因為需求越多，也就是等待處理交易的使用者越多，礦工就會依市場法則，優先處理提供較高昂礦工費的交易。因此如果想提升 NFT 鑄造速度的話，只要選擇數位錢包所建議的礦工費選項中較高者即可。

圖 3-15 鑄造 NFT-14（Step 8）

　　如果是進階玩家的話，可以到 EthGasStation 網
站，依照你想要的鑄造速度與礦工費，即時確認建
議的礦工費價格。礦工費是以名為「 gwei」的這個
以太幣再下一層的單位所標記，1 gwei 等於 10 億分

EthGasStation

之 1 的以太幣，就是 0.000000001 以太幣。礦工費以「挖礦額度（預
計作業量）× 挖礦價格」計算，gwei 價格抓的越高，礦工費增加，
交易速度就會變快。

圖 3-16 鑄造 NFT-15（Step 8）

Transaction Inputs

Gas Used*　21000

Gas Price*　☐ Fastest (27 Gwei)
　　　　　　☐ Fast (25 Gwei)
　　　　　　☑ Average (14.7 Gwei)
　　　　　　☐ Cheap (14.7 Gwei)
　　　　　　☐ Other
　　　　　　(Gwei)

Reset　Submit

出處：https//ethgasstation.info/calculatorTxV.php

那麼，現在所有準備的結束了。當你按下「Next」後，就是你的第一個 NFT 誕生的瞬間。現在只剩下在社交平台上宣傳你的 NFT 了，盡情享受吧！

※ 在 2021 年 10 月底，Rarible 導入一個使用預設作品時可選擇「懶人鑄造」（lazy minting）的新功能。懶人鑄造可以說是在交易的時間點，而非發行的時間點鑄造 NFT，因此製作者無需繳納礦工費就可把作品（檔案）上傳至平台，亦即在交易成立前，有關作品的資訊會安全地儲存在 IPES 上，交易時才會將作品鑄造於區塊鏈上，並由買家支付礦工費。另一方面，Openses 也已導入懶人鑄造的功能，降低創作者進入的門檻。

3　NFT 鑄造成功案例

Beeple：NFT × 3D圖像藝術

　　與 NFT 一起爆發的加密藝術熱潮中，有位名為 Beeple 的創作者，因為 2021 年 3 月那個舉世聞名的事件，讓他的人生有了一百八十度大轉變。以 5,000 個 3D 數位圖片集結而成，名為〈每一天：最初的 5,000 個日子〉的那幅作品，以單一 NFT 在佳士得拍出了史上數位藝術作品出價最高的價格。

• 實力派圖像設計師

　　Beeple 本名麥克・溫克爾曼，是一名來自美國南卡羅萊納州查爾斯頓的圖像設計師，主要製作短篇電影、VJ Loop（不斷重複短影片的藝術類型）、VR・AR（虛擬實境・擴增實境）作品等，是擁有參與過蘋果、Facebook、SpaceX、Nike、可口可樂等大型公司廣告製作經驗的實力派人物。

　　2007 年 Beeple 想到一個新穎的點子，他決定每天上傳一個線上作品，組成名為「Everydays」的計畫。剛開始只是很簡單的在紙上作畫，但漸漸拓展到使用 3D 建模軟體創作這些數位作品。這些不僅具超現實主義，有時也很幽默與怪異的作品，表現出具話題性

的大眾文化或是諷刺不協調的社會面貌，也讓他受到眾人的熱愛。不管是像 Louis Vuitton 這樣的全球奢侈品牌，到小賈斯汀、凱蒂佩芮、阿姆等人氣巨星，都希望能與 Beeple 合作。

Beeple 在 2020 年秋天左右初次聽到 NFT 藝術，以及已經有很多數位藝術家透過 NFT 創造收入的這件事，尤其幾乎可說默默無名的藝術家們透過名為 NFT 這樣的媒介與全球民眾互動，並賺取數千美元的這件事對他產生衝擊。

• Beeple 邁向 NFT 世界的第一步

2020 年 10 月，Beeple 透過 Nifty Gateway 市場平台跨足 NFT 世界，首次發行的 NFT 是包含 3 個尖銳社會訊息的作品 [1]。第一號 NFT 是名為〈POLITICS IS BULLSHIT〉的作品，共發行 100 個副本，每個賣 1 美元，目前這系列仍在二級市場交易中流動。舉例來說若為 #52/100 的話，就是發行的 100 個版本中第 52 個版本，每個版本標示的價格就是現在持有人定下的出售價格，2017 年 7 月 #52/100 的交易價格是 $252,000 元（折合台幣約 700 萬元）。第二號作品與第三號作品各自皆發行為單一 NFT 進行拍賣，以 $66,666.66 元得標。當時 Beeple 光是出售這兩幅作品就賺進 13 萬美元（折合台幣約 362 萬元）以上，將數位藝術品像實體藝術品般交易的這件事，為他帶來很大的意義。

2020 年 12 月，這次 Beeple 也把「Everydays」計畫作品中的一

部分，透過 Nifty Gateway 用多樣的方法出售，21 個單一 NFT 各間隔一段時間競標；3 個開放版本的 NFT 作品（在有多少需求，該版本就能無限制發行的前提下），定價為 969 美元，只賣 5 分鐘；還有 1 個限量版本 NFT 作品，共發行 100 個版本，各以 1 美元出售。透過這次 Beeple 從 12 月 11 日到 13 日間，只過了一個週末就賺進共 350 萬美元（折合台幣約 9,768 萬元）以上的收入。

為了提供 NFT 買家們更豐富與更有價值的體驗，他將售出的 NFT 作品製作成印上 QR Code 的數位畫框後寄出，並成為熱議話題。Beeple 認為大部分的人比起元宇宙中的展場，還是更想要擁有可以在實體展示的美麗作品，這是因為我們還沒有生活在健全的元宇宙世界的緣故。（有興趣的人可以上 YouTube 看買家們的開箱影片。）

• 佳士得拍賣的壯舉

Beeple 高居不下的人氣，讓他在 2021 年 1 月接到來自全球藝術品拍賣公司佳士得提案，邀請他進行更大規模的拍賣。Beeple 接受後，就將「Everydays」計畫中的 5,000 個作品製作成單一 NFT 進行拍賣，

Beeple

伴隨著在這個世上總有人會為了他的單一 NFT 付出巨額買下的期待，拍賣於 2021 年 3 月 11 日展開。在拍賣進行時，Beeple 在社群平台 Clubhouse 上進行即時直播，增添臨場感。隨著拍賣進

行，出價衝高到 5,000 萬美元後，群眾開始喧嘩，Beeple 最後也從 Clubhouse 群組中離開，與家人開始一起關注拍賣狀況。

以 1,500 萬美元開始的起標價，在拍賣結束前 30 分鐘，喊出了 6,930 萬美元的高價。拍賣結束的瞬間，Beeple 從沙發上跳起來大喊「我要去迪士尼世界！」這感激的一幕已上傳到 Beeple 官方 YouTube 頻道。

Beeple 作品能獲得如此高價有幾個原因。第一是他原本就是個在各社群平台上擁有 250 萬以上訂閱的網紅。第二是透過「Everydays」計畫，讓世界不僅看到他的創意，還有他的熱情與堅持，讓大家深受感動。最後就是 NFT 市場快速成長的同時，許多人也越來越看好數位藝術的未來。人們認為若 NFT 的價值體系持續為越來越多人所接受的話，在市場交易中的 NFT 作品價格將持續升高，那麼現在的投資就可在未來獲得更可觀的獲利。

• NFT 作品與加密貨幣富豪們

Beeple 作品在佳士得的拍賣，能看出加密貨幣富豪們與 NFT 交易有著緊密的關係，以 6,930 萬美元成功得標的 32 歲加密貨幣企業家 Meta Kovan，就是有著這樣背景的投資者。得標 7 天後，就公開自己身分的 Meta Kovan，在新加坡創辦名為 Metapurse 的 NFT 基金，據悉在 Beeple 12 月 NFT 拍賣期間，也買入相當於 220 萬美元的 NFT 作品。他在過去數年間持續投資加密貨幣，自述其資產

的 99.9% 都以加密貨幣型態持有，他甚至並未持有房產或車子，足以看出他對加密市場的信任。

最近在一篇報導中，Meta Kovan 提到 Beeple 的作品是藝術史上劃時代的作品一說，受到大眾的關注。他認為這個時代的人們對於「藝術究竟是什麼」這個問題的想法正在快速改變，Beeple 的作品正好象徵著起點，因此他預測未來這個作品將會擁有比現在更大的價值。基於這點，他主張 6,930 萬美元是很合理的價格。

Meta Kovan 認為，以後會有很多藝術家運用 NFT 來創造收入，因此 NFT 經濟將持續變大。當然 NFT 經濟要達到完美的狀態還需要花不少時間，但等待的過程不也很有趣嗎？

PAK：NFT×動態藝術

在 2021 年 3 月佳士得拍賣上，Beeple 的作品以 6,930 萬美元天價得標，震驚全世界後沒過多久，就傳出蘇富比也將展開首次 NFT 拍賣的消息。從 4 月 12 日到 14 日 3 天期間，蘇富比與不公開身分的數位藝術家 Pak 合作進行 NFT 拍賣。至此，全球拍賣大兩巨頭目標都放到 NFT 市場，展開主導權的正面對決。

• 不露面的藝術家 Pak

Pak 是位已經在數位藝術界活躍超過 20 年的藝術家，他的真

面目仍蒙上神祕面紗，甚至也有傳言說在「 Pak」這個筆名的背後不只有一位創作者，但在此為了方便，暫且將他視為一個人。

事實上，Pak 並非是位在傳統藝術市場廣為人知的人物，大家只知道他是 Undream Studio 的創始人與首席設計師，且是名為 Archillect 的人工智慧程式的開發者 [2]。Archillect 是以人工智慧於社交平台搜尋有趣且引人注目的內容並進行分享的程式，只要有特定的關鍵字，就可以在沒有人為情感判斷或其他型態的外部介入下，扮演自動找出冷色調極簡主義圖像的數位策展人（從事將他人藝術品依目的進行分類後策畫並展覽工作的人）的角色，嘗試進行藝術的數位革命。

Pak 持續透過科技與媒體進行實驗性藝術活動，一直被認為是謎樣的人物，2020 年 12 月也成為首位透過 NFT 收藏品賺取 100 萬美元（折合台幣約 2 千萬元）的 NFT 藝術家。在數位與加密藝術社群中備受推崇的人物，如今受到傳統體系蘇富比邀請，獲選成為首位 NFT 拍賣的單一藝術家的這件事，也暗示了原有藝術市場將迎來版圖的變動。

• Pak 的作品在蘇富比拍賣

2021 年 4 月，蘇富比首次 NFT 拍賣終於展開 [3]，拍賣分為 3 個獨立的部分。第一個部分是開放版本且固定價格，名為〈The Fungible〉的 NFT 收藏品，它是個特定數量且互相可替代的「正方

體」，也就是六面體，呈現其聚集後型態的數位作品。每一個正方體以第一天售價 500 美元、第二天 1,000 美元、第三天 1,500 美元的方式增值，買家可在想要的日期對欲購買正方體數量支付相應價格，拍賣結束後會收到含有等同購買數量的正方體的 NFT 組。說明上雖然有點複雜，但舉例來說，你若支付 1 個正方體的金額，就會收到名為「A Cube」的含有個正方體的 NFT 作品；如果你支付 178 個正方體的金額，就會以「1+1+1+5+20+50+100=178」的方式，收到含 1 個正方體的 3 個 NFT 、含 5 個正方體的 1 個 NFT、含 20 個正方體的 1 個 NFT、含 50 個正方體的 1 個 NFT 以及含 100 個正方體的 1 個 NFT，總共會收到 7 個 NFT。

〈The Fungible〉乍看會覺得只是單純的黑白渲染而已，但它可讓人們直接體會「同質化（fungible）」與「非同質化（non-fungible）」的相互轉換，再次對 NFT 的本質進行思考。Pak 透過不限制所出售正方體的數量，來挑戰作品稀有性與價值的藝術市場傳統觀念。

〈The Fungible〉開放版本的發售期間為 3 天，每天進行 15 分鐘，第一天售出 1 萬 9,737 個正方體，創下約 990 萬美元（折合台幣約 2 億 7 千萬元）的銷售額，3 天期間共有 3,080 位買家，創下 1,400 萬美元（折合台幣約 3 億 9 千萬元）銷售紀錄。

同時，除了開放版本外，也對 2 項個別的 NFT 作品進行拍賣，就是〈The Switch〉與〈The Pixel〉。〈The Switch〉就像〈The Fungible〉，蘊含著不停轉動的幾何學現象，10 名競標者競爭後以

140 萬美元得標。〈The Pixel〉是 1×1 像素圖像以單純灰色 1×1 四方形呈現的作品，在 90 分鐘的競標後以 136 萬美元得標。

蘇富比與 Pak 的合作共創下 1,683 萬美元（折合台幣約 4 億 6970 萬元）的銷售紀錄，對此有人認為與 Beeple 的 6,930 萬美元相比之下，是佳士得（或者說是 Beeple）的勝利。但 Pak 的開放版本 NFT 作品能讓大眾理解社會價值及對人們與價值間最根本的關係進行思考，這點十分重要。在區塊鏈環境下透過名為 NFT 這樣的媒介開啟創造新價值的機會，因而改變了我們的行為模式與認知，這些都是透過名為開放版本的這種表演來表現。Pak 是這麼說的：「人們即便能夠輕鬆地把數位作品儲存為 JPEG，但卻無法把它儲存為『數位表演』，不是嗎？」

• Pak 的禮物

此外，Pak 也準備多個版本的 4 種 NFT 作品，要送給符合特定的收藏家。那就是〈The Cube〉、〈Complexity〉、〈Equilibrium〉、〈The Builder〉，例如單一 NFT 的〈The Cube〉會給買入最多開放版本正方體的收藏家，以 100 個限量版本發行的〈Complexity〉則是送給購買最多開放版本正方體的「前 100 名」收藏家，而〈Equilibrium〉發行 4 個版本，送給各符合下列條件之一的收藏家：

　　・猜中 Pak 推特上謎題的收藏家

　　・持有 Pak 初期作品裡，在二級市場以最高價格買下作品的收藏家

・在社交平台標上 #PakWasHere 並獲得最多關注數的收藏家

・預測拍賣總銷售額最接近的收藏家

最後以 30 個限量版本發行的〈The Builder〉，是感謝對於為媒體與藝術界的 NFT 藝術家們打下基礎的 30 位人士，由 Pak 親自選出後贈送每人 1 個。

即使在蘇富比為了進行拍賣而請他提供個人資訊時，Pak 也要求以「they/them」（想要不分性別被稱呼時常使用的代名詞）的方式稱呼自己，雖然他是如此維持自己的神秘形象，但同時也是一位向從收藏家到為 NFT 社群貢獻良多的各方先驅者們以創意方式表達感謝的一號人物。Pak 透過此次蘇富比拍賣，提出銷售 NFT 作品的新方案，在過程中，向大眾傳達「數位－加密藝術」獨特的敘事，藉此機會讓數位與加密藝術家能在原有的藝術市場佔有一席之地，這是多麼令人鼓舞的事，讓人期待與他們共同創造出非同質化的未來。

3LAU：NFT×音樂

因新冠狀病毒擴散，讓現場表演幾乎消失的 2020 年與 2021 年，音樂家們為了與粉絲互動，也為了彌補減少的收入，開始跨足區塊鏈世界，也就是運用 NFT。為了更仔細了解音樂與 NFT 的相遇，讓我們來看看在這塊領域可說是先驅者的世界知名音樂家，也是 DJ 的 3LAU。

• 領悟到區塊鏈帶來的可能性

2014 年 3LAU 2014 年為了擔任艾維奇（Avicii）演唱會的開場嘉賓前往墨西哥時，遇見溫克勒佛斯（Winklevoss）雙胞胎兄弟，進而開始對區塊鏈世界產生興趣。透過描述 Facebook 誕生故事的電影《社群網戰》走進大眾視野的溫克勒佛斯兄弟告訴 3LAU 要關注加密貨幣，他也馬上透過雙胞胎兄弟創立的 Gemini 加密貨幣交易所首次體會到加密貨幣的力量。尤其他認為在不斷充斥著版權爭議的音樂市場中，需要盡快透過區塊鏈引入全新的變化。因為地址記載錯誤，他將近 2 年期間未能從環球唱片收到報酬的這件事讓他更感迫切。無須經過書面作業複雜且繁瑣的版權登記與取得的過程，只要在區塊鏈上輸入合約內容，就可自動與該音樂串流連結，自動成立所有版權相關的支付這件事，對他是個很大的刺激。

• NFT 與音樂的相遇

經過數年後的 2018 年，3LAU 與《福斯財經網》進行有關加密貨幣的專訪，雖然在最後想多聊 NFT 時專訪時間就已結束，但是他明確傳達了「音樂粉絲們以後可以透過 NFT 與自己喜歡的藝人在後台見面」的這一句話，隨後驚人地逐漸成為現實。隨著 NFT 快速受歡迎的同時，他夢想的 NFT 與音樂的結合也將成真。

首先在 2021 年 1 月，3LAU 透過 Nifty Gateway 市場，首次將整首歌曲做成 NFT 販售，獲得約 17 萬 5,000 美元（折合台幣約

488 萬元）的收入，這是若與原本大型唱片公司合作，需要累計數
十億次的串流次數才能得到的版權收入。

　　藉著第一個 NFT 專輯的成功，3LAU 馬上在次月 2021 年 2 月，
將自己官網的最佳銷售專輯《Ultraviolet》代幣化後放上拍賣，他依
自己直接設計的拍賣規則，選出前 33 名得標者，不只提供代幣化
的專輯，還會送給粉絲可提供特別體驗的兌換券獎勵，以白金（第
1 名得標者）、黃金（第 2 到 6 名得標者）、銀（第 7 到 33 名得
標者）分級給予獎勵。例如成功獲得白金 NFT 的第 1 名得標者，
可以拿到《Ultraviolet》限量版 LP 與可取得 3LAU 未公開歌曲的權
利，以及最特別的是能獲得和 3LAU 一起創作新曲的機會；獲得黃
金 NFT 的 5 位得標者，可以拿到《Ultraviolet》限量版 LP 與可取
得 3LAU 未公開歌曲的權利，以及獲得選擇並製作客製化混音歌曲
的機會；最後，銀等級 NFT 的持有者則是可以獲得《Ultraviolet》
限量版 LP。如此一來 3LAU 的粉絲們（就像他多年前預言的）就
可以透過名為 NFT 的媒介，取得與最愛的藝人連結的特別且多元
體驗。

　　多虧了激烈的競標戰，3LAU 在一個晚上就賺進 1,168 萬美元
（折合台幣約 3 億元）以上的收入。這不僅是因為 3LAU 卓越的
音樂能力，也是與像 WhaleShark、888、Seedphrase 等具影響力的
NFT 收藏家們數年來建立的緊密關係下才能成真。

　　從 2020 年底起，不斷帶給世界「億」級驚喜的 NFT 交易背後，
有著比任何人都了解加密貨幣與區塊鏈的投資人們。他們大部分是

已經透過加密貨幣賺取大量財富的加密巨鯨，目標是透過 NFT 藝術作品的高價交易，讓自己的加密資產在區塊鏈生態中大幅上升。談論藝術並支援藝術家的同時，還能夠累積財富，這不就是所謂的一石二鳥嗎？

• 3LAU 所描繪的音樂市場的未來

從結果來看，扶搖直上高聳的 NFT 價格雖然可以為長久以來無法透過自身創作獲得合理報酬的藝人們開拓出前所未有的收入方式，但對一般人來說卻建立起難以跨越的門檻，最重要的是對於想投入 NFT 來支持自己喜歡的藝人的那些鐵粉來說，反而成為很令人遺憾的狀況。當然在這些加密巨鯨中也有真心愛著電子音樂而想支持藝人的人，但在重要的是為了讓 NFT 與音樂產業的連結能持續發展下去，需要的不是百萬富翁，而是讓一般人以及傳統的音樂粉絲們能夠更輕鬆地參與的這件事。

據了解，3LAU 為了繼續支援藝人們並讓更多人認識 NFT，未來將成立一個基金會，因為他認為只有當更多藝人、收藏家、粉絲們能夠常常接觸到 NFT 的概念時，才能對 NFT 能有更深的理解。事實上，他正在準備一個計畫，讓粉絲能夠直接投資藝人，當藝人成功時就能回饋報酬給有投資的粉絲，這是讓粉絲們分享藝人的音樂所有權，共同參與藝人或歌曲成就的模式。筆者認為 3LAU 是 NFT 音樂的先驅領導者，因為他已經從很久以前就開始關注區

塊鏈，並摸索了各式各樣的機會，期待能看到他藉由 NFT 所提出的音樂市場未來。

加密龐克與Meebits：NFT×收藏品

• 加密龐克

說到 NFT，就不得不提加密龐克！加密龐克市場一直非常活躍，是受到許多收藏家和大眾喜愛的元老 NFT 專案。

2021 年 6 月底，美國知名饒舌歌手、企業家 Jay-Z 將自己推特個人檔案照片改成加密龐克 #6095，告訴大家他是這個龐克頭像的新主人。

這個以稀缺性聞名，擁有狂野的髮型與戴著金項鍊的男性龐克頭像，是他在 2021 年 4 月 25 日以 55 以太幣（當時市價約為 12 萬 6,000 美元，折合台幣約 351 萬元）買下的。確實可看出 Jay-Z 最近完全沉浸在 NFT 的魅力中。他為了紀念他的出道專輯《Reasonable Doubt》發行 25 周年，與知名藝術家 Derrick Adams 合作重新設計專輯封面，製作出名為〈Heir to the Throne〉的作品，以單一 NFT 的方式發行，在 7 月於蘇富比進行拍賣，該作品起標價為 1,000 美元，最後以 13 萬 9,000 美元（折合台幣約 387 萬元）得標，拍賣所得的一部分捐給肖恩卡特基金會（The Shawn Carter Foundation）。

　　讓我們再次回到加密龐克，這些龐克頭像會這麼受歡迎的原因為何呢？不只是因為世界上只存在 1 萬個的稀缺性，還因為各個龐克頭像都具有無法替代的特徵，因此更顯得稀有。而且加密龐克作為元老 NFT 專案，具有代表網路與加密文化的歷史性意義，讓許多人更想要並持有這些龐克頭像。這麼受歡迎的龐克頭像是何時、何地、如何誕生的呢？

　　2017 年紐約軟體公司 Larva Labs 的創始人約翰・沃特金森與麥特・霍爾，決定打造能反映出區塊鏈初期的脫離感與反體制精神的角色。他們以 1970 年代倫敦的龐克搖滾文化為加密龐克藝術設計的發想，因此髮型與裝飾品都是從倫敦龐克運動取得靈感而成，並在 6 月透過一定的演算法生成出 1 萬個龐克頭像。

　　約翰和麥特透過演算法，除了以人類形象製作的龐克頭像外，也製作出非人類的角色，包含 88 個綠色皮膚的殭屍龐克頭像、24 個猿人龐克頭像以及 9 個藍色皮膚的外星人龐克頭像。順帶一提，人類龐克頭像中有 6,039 個男性以及 3,840 個女性角色。這 1 萬個龐克頭像都各自有其特殊的個性、服裝、髮型、飾品等屬性，透過演算法無人為介入生成，具有獨一無二的稀缺性，最稀有的屬性包含小圓帽（44 個）、短項鍊（48 個）以及飛行員頭盔（54 個）。

　　龐克頭像間的稀缺性差異也直接決定價格的差異。例如配戴前面提到的「稀有裝飾」的外星人龐克頭像就會比配戴同樣程度稀有裝備的男性龐克頭像，就會以更高的價格進行交易。事實上，在 2021 年 6 月，單一龐克頭像 #7523 在蘇富比就以 1,180 萬美元（折

合台幣約 3 億 2932 萬元）得標而掀起話題。該龐克頭像以非常稀有聞名，在 9 個外星人龐克頭像中也是唯一一個戴著口罩的頭像，因此加倍稀有。這是反映了 2020 到 2021 年間新冠疫情時代，小名為「新冠外星人」（Covid Alien）的龐克頭像，加上這次加密龐克拍賣與年初相比，是在 NFT 市場已經盤整後進行，再次證明具歷史與文化意義的大型 NFT 作品仍然能以高價交易。

其實在 2021 年 5 月，佳士得拍賣以 9 個龐克頭像組成的 NFT 以 1,690 萬美元（折合台幣約 4 億 6 千萬元）得標就已掀起話題，像這樣幾年前完全對 NFT 沒有絲毫興趣，專做傳統藝術市場的全球知名拍賣市場，現在也開始舉辦專為 NFT 作品設計的拍賣活動，還出現上「億」價格的交易，就可看出 NFT 生態變化是多麼快速。

如前所述，每個龐克頭像都具有獨一無二的屬性是加密龐克專案的特色，可視為加密龐克之藝術領域的生成藝術（generative art，使用自動系統創作的藝術），其優點就是設定好一定的程序後，依照該程序隨機創作，就會誕生出連創作者都不得不驚嘆的作品。加密龐克透過數百次的隨機程序，製作出各種龐克頭像，必要時經過微調後與以太坊智能合約連結，這就是一直以來龐克頭像誕生的瞬間。各個龐克頭像都有其獨一無二的頁面，任何人都可以輕鬆瀏覽該龐克頭像的特徵與交易明細。

創作者們有的認為每個龐克頭像都可被視為是以生成藝術為基礎的藝術作品，也有人認為 1 萬個龐克頭像全部組合起來時才是一個藝術作品。一般人看龐克頭像的視角也很多元，有人將它視為

和交易卡牌一樣是收藏品；也有人認為它是新型態的藝術作品。當然這沒有固定的答案，能夠引起這麼多元的解釋，且無法定義為單一種類型，不就正是加密龐克的魅力嗎？

• Meebits

受到加密龐克大受歡迎所鼓舞，Larva Labs 在 2021 年 5 月，推出第三項 NFT 專案 Meebits。Meebits 比加密龐克更進一步，依照使用者指定的生成演算法製作 2 萬個 3D 立體像素形式的數位角色人物，他們的髮型、眼鏡、衣服、鞋子等屬性都自動組合而成，各有其獨特的樣貌。Meebits 透過一般發售與叫做社群限定發售（community grant）等兩種方式，隨機分給大眾。

一般發售時，可用 2.5 個以太幣鑄成 Meebits，從上市不到幾個小時就全數銷售一空，可看出 Meebits 受歡迎的程度；社群限定發售時，若你是加密龐克或 Larva Labs 另一款 NFT 商品 Autoplyphs 的持有者的話，就可以免費獲配 Meebits 後進行鑄造，是一種讓原有的社群成員享受特別待遇獎勵的概念。

如同加密龐克一樣，Meebits 依照角色的種類、屬性的數量、屬性的稀有性，交易價格也天差地別，至少有 13 個 Meebits 曾以 100 萬美元以上價格交易過，這不只是因為 Meebits 自身的藝術價值，也是因為 Larva Labs 從過去至今在加密市場累積的高認知度與品牌力，才能獲得這樣的成果。Larva Labs 曾提到：「如果說加密

龐克是給 Discord、推特等社群軟體用的 2D 虛擬人物的話，那麼 Meebits 就將發展成符合 Cryptovoxels、Decentraland、Sandbox 這樣的元宇宙世界的 3D 虛擬人物。」

　　在日漸活躍於我們身邊的元宇宙世界裡，期待 Meebits 能以識別使用者、象徵身分的方式持續發展下去。

謎戀貓與Axie Infinity：NFT×遊戲×收藏品

- ### 謎戀貓

　　首先來認識一下加密世界中的小可愛貓咪們吧！謎戀貓是使用以太坊為基礎的收藏遊戲，使用者可收集並繁殖虛擬貓咪後，使用加密貨幣進行交易，每個貓咪都是依 ERC-721 代幣協議去編碼的 NFT 收藏品，眼睛形狀、嘴巴形狀、毛色等都有獨特的遺傳屬性（又稱為以 cat 與 attribute 組合的單字「cattribute」），讓使用者可以擁有獨一無二的虛擬寵物的這點是其最大的魅力。事實上 Axiom Zen 在 2017 年 12 月開發出謎戀貓時，不只程式設計師們，在一般大眾間也掀起話題，因為以當時基準來看，只在數位世界存在的貓能以超過 1,000 美元的價格進行交易本身，就足以吸引許多人們的目光，再加上若好好繁殖貓咪並誕生出珍貴品種的話，又可帶來獲得高收益的機會，這樣的期待讓許多人都興奮不已。

　　其實就像電子雞一樣，寵物養成遊戲對我們來說已經是很熟

悉的概念，但是謎戀貓在此又更上一層樓。透過繁殖可誕生出新的寵物，賦予它市場價值後，可透過交易卡牌的概念交易，更提升遊戲樂趣。當造訪謎戀貓市場平台時，可以看到現在待售中的所有貓咪，能夠輕鬆確認每隻貓咪的名字、世代、家族資訊、遺傳學特徵、價格等，原則上越是具有珍貴屬性的貓咪就會以越高的價格出售，到目前為止以最高價格交易的貓咪是 Dragon，足足以 600 以太幣賣出，價格之高超乎想像。

如果你也想成為謎戀貓的主人，只要在市場平台上對自己喜歡的貓咪按下「buy now」按鈕，就能馬上購買（需當下支付以太幣）。另外，即使是目前未公開出售的貓咪，你也能向現任主人提議一個具有魅力的價格協商進行交易。

此外，也可以使用繁殖的方法獲得新貓咪，讓你擁有的兩隻貓咪進行繁殖或在市場上選擇可供繁殖的一隻公開種貓（public sire），支付由它主人提案的手續費後，就能讓它與你的貓咪進行繁殖。這裡有趣的是每隻貓咪都有它的「冷卻時間」（cooldown speed），也就是繁殖後必須休息的時間，繁殖次數越多這個時間就會越長，冷卻時間越快代表越有生產力，就會成為身價較高的貓。透過繁殖生出的小貓咪會有「父母中代數較高者 +1」（父母若各為第 2 代、第 3 代的話，取其中數字高的第 3 代加上 1，它就會是第 4 代）以及獨特的遺傳屬性，因為這關乎在市場上的價值，對於使用者來說可說是這款遊戲最核心的部分。

然而，因為繁殖後展現的遺傳屬性，是經由父母貓咪或祖先

貓咪們所帶有的遺傳屬性混合後隨機決定的結果，因此使用者們在取得珍貴品種上，也沒有什麼能做的，有時平凡的貓咪間也有可能誕生出珍貴物種，最佳方法可能就是「苦撐下去」。

不覺得謎戀貓就像是區塊鏈時代的寶可夢嗎？不只光靠胖嘟嘟的臉頰與可愛的眼神就能激起讓人想要收集的魔力，更是因為它是帶給區塊鏈產業本身重大影響的元老 NFT 專案之一。

其實在謎戀貓誕生的 2017 年，正是媒體上充斥許多 ICO 負面新聞的時期，當時進行的 ICO 中約有 80% 被確認為詐騙，推出後存續 4 個月以上的專案只有稍微超過 40% 的比重而已。在對虛擬貨幣與區塊鏈的負面印象高漲的狀況下，使用以太坊技術，走在遊戲產業最前面的謎戀貓的出現，是這隊伍中的一道清流。實際上，甚至因為大眾湧入的關注，還引起以太坊網路史上前所未有的壅塞。

另一方面也有評論擔憂謎戀貓會助長投機行為和貪念，但是以結果來說，能活化以太坊交易、讓虛擬貨幣與遊戲連結、將 ERC-721 代幣協議帶往區塊鏈世界的中心並成為 NFT 專案的始祖，這些都是它無法被否認的功績。就連接下來會提到在 2021 年夏天最熱門話題的「Axie Infinity」，也是依循謎戀貓所開拓的概念而成。

2021 年謎戀貓仍持續進化中，現在 Decentraland 中也出現能將你的貓咪裝在畫框中供展示與炫耀的兼容功能，未來預估像這樣與其他區塊鏈平台的跨界合作將會持續下去，曾帶領起今日 NFT 浪潮的加密貓咪們，預估馬上又要迎接再一次的全盛期了。

- ## Axie Infinity

2021 年夏天，「Axie Infinity」浪潮來襲。如同前面提到的，「Axie Infinity」是繼承謎戀貓概念製作的以太坊 NFT 收藏遊戲，是透過養育並繁殖依 ERC-721 協議製作名為 Axie 的寵物怪獸後，讓它們互相對決或交易的遊戲。Axie 作為使用者們能直接持有管理的 NFT，可以保存在你個人的電子錢包中，也可以傳送到其他以太坊地址，更可以在區塊鏈基礎的市場平台上與其他使用者進行交易。

「Axie Infinity」是 2018 年由總公司位於越南的新創公司 Sky Mavis 推出，有趣的是這個遊戲一開始並無商業目的，只是單純的熱情專案（passion project）而已，但漸漸受到歡迎後，現在已經一躍成為最受全球喜愛的以太坊遊戲。最近為解決 Axie 價格高漲與以太坊礦工費等問題，建立「Axie Infinity」專用的 Ronin 以太坊側鏈後，正掀起更爆發性的成長。

「Axie Infinity」在 2021 年 7 月初約有 35 萬名每日活動的使用者。舉例來說，光看 7 月 7 日這天，「Axie Infinity」就寫下 2,200 萬美元（折合台幣約 6 億 1,399 萬元）的交易量，銷售收入達到 100 萬美元，以此換算整年度來看，是與像《Dota》或《要塞英雄》這樣 3A 等級的大型遊戲並駕齊驅的數值。這個趨勢能持續下去的話，銷售收入預估很快就能比它們還要高也說不定。

除了「Axie」之外，遊戲裡也有虛擬土地與各種道具，這些同

樣也是以 ERC-721 協議為基礎發行的代幣，使用者可以組隊開啟冒險模式（adventure mode）在「Axie Infinity」王國 Lunacia 與隨機怪物進行戰鬥，或開啟決鬥場模式（arena mode）與其他 Axie 玩家決鬥，在決鬥中勝利的話，可獲得名為滑順愛情藥水（SLP）這個依 ERC-20 協議發行的代幣，可使用它繁殖 Axie 也能在幣安等交易所中交易。2021 年 7 月初，SLP 代幣的市值已經達到 1 億 2 千萬美元（折合台幣約 33 億 4,900 萬元），實在是非常驚人的規模。

Axie 交易所

　　除了 SLP 代幣外，也在 2020 年 11 月推出名為 AXS（Axie Infinity Shards）依 ERC-20 協議發行的生態治理代幣，使用者們持續玩遊戲的話就會獲得 AXS，在「Axie Infinity」交易所中販賣 Axie 也能獲得 AXS 代幣。2021 年 7 月初，AXS 代幣價格與 2020 年冬天相比已成長 100 倍以上，目前市值超過 7 億 4 千萬美元（折合台幣約 206 億元），驚人的是韓國數位資產交易所 UPbit 在 2021 年 7 月初交易量前 5 名的項目中，AXS 代幣也佔有一席之地。如果說 2021 年的夏天是為了 Axie Infinity 存在也不為過。

　　「Axie Infinity」在開拓「Play-To-Earn」這新概念的遊戲模式這點，有著具歷史性的重要意義，就像在本書第二部分中提到的，遊戲開發商和遊戲使用者都能獲利的商業模式 Play-To-Earn，是遊戲產業從「Pay-To-Play」發展到「Free-To-Play」後再一次進化的遊戲模式，使用者玩遊戲同時能夠獲得代幣或其他形式的獎勵，可以在遊戲內使用，想要的話也可以在公開市場進行交易。總的來說，

這是透過完備的遊戲內經濟（in-game economy），讓任何人投資時間與精力後都能夠獲得收入的概念。

對有些人來說，透過 Play-To-Earn 遊戲獲取的金錢收入只是單純的零用錢，但對有些人來說卻是相當重要、可維持生計的方法，尤其在菲律賓更是如此。菲律賓的「Axie Infinity」使用者人數在全球居冠，「Axie Infinity」帶來的收入足以供應低收入家庭的生活費與教育費等，甚至還有用在遊戲賺到的錢買下房子與土地的軼聞。「Axie Infinity」在印尼與委內瑞拉等其他開發中國家也擁有相當多的使用者，顯見它在當地也扮演著類似的角色。

Art Block、EulerBeats、Alethea AI： NFT×演算法藝術

NFT 有趣的特點之一就是使用大量演算法這點，活躍於 NFT 世界的許多藝術家、收藏家、程式設計師等，對使用演算法將固定的圖片換成虛擬人物，創造音樂，製作隨機視角的藝術作品都抱持相當大的興趣。基於演算法的特性，比起聚焦在特定藝術家上，在這裡我們來看看最近受矚目的 3 種演算法生成藝術平台。

• Art Block

Art Block 是可進行程式生成的隨選（on-demand）NFT 平台，以藝術家展現出的演算法為基礎，讓收藏家可輕鬆鑄造出 NFT。

將 Metamask 錢包與平台連結後，選擇喜歡的作品按下購買按鈕的話，就會依該作品藝術家事先設好的程式碼，將許多變數在無人為介入下隨機生成新版本的作品，並儲存在以太坊區塊鏈上。這就是只屬於你的演算法藝術被鑄造成 NFT 的瞬間，此時當然必須支付包含礦工費在內的一定金額才能鑄造。

　　Art Block 特別之處在於它設計為讓 NFT 中的後設資料與數位內容全都完整地儲存在鏈上，讓 NFT 所標榜的完整且永久的數位所有權變得可行。Art Block 是一個讓任何人都可重新誕生為藝術家的平台，而因為演算法的特性，收藏家們在鑄造完成前無從得知會收到什麼樣的作品，因此更增添刺激感。在藝術創作過程中，透過將人為意圖降到最小，大幅增加隨機與無人為介入的角色，提供無法預測的創作機會，是它最大的魅力。

　　Art Block 創立後經過 7 個月，在 2021 年 7 月已誕生 7,000 次以上的作品交易，換算下來約有 500 萬美元（折合台幣約 1 億 3,954 萬元）以上的價值。

• EulerBeats

　　2021 年推出的 EulerBeats，是透過 NFT 把音樂重新詮釋為數學性藝術的一個計畫，更具體來說，每個 NFT 都與透過演算法生成的音檔連結，此時演算法包含數學家歐拉的函數（Euler's totient function），EulerBeats 給予 NFT 持有人可生成有限數量「復刻版

」（prints，對原版的複製版本）的機會，復刻版可在二級市場進行交易，透過 EulerBeats 發行的 NFT，其本身是藝術作品，重新生成的各音檔所需的資訊都被儲存在以太坊鏈上。

EulerBeats 在製作 NFT 上，是結合數學、藝術、音樂、版權、高流動性代幣、稀有性等所有要素的第一個案例的這點，可說是十分具獨創性的計畫。2021 年 3 月，透過 EulerBeats 平台拍賣的 25 個 NFT，創下總共賣出 1,665 以太幣（以當時市價來看約 300 萬美元以上〔折合台幣約 8,372 萬元〕）的紀錄。

• Alethea AI

Alethea AI 雖然是目前還未完全上架的平台，但已獲得許多 NFT 專家們的關注，因為它是能夠透過演算法在任何 NFT 上加入 AI 功能的計畫，因此擁有無窮無盡的可能。例如 Alethea AI 可在加密龐克 NFT 上加上 OpenAI 的語言生成程式 GPT-3，讓原本僅是像素圖片的加密龐克重新誕生為擁有互動功能的虛擬人物，這裡的 GPT-3 是伊隆・馬斯克共同創立的 AI 研究開發公司 OpenAI 所開發的人工智慧模型，在理解語言結構與處理口語上十分傑出。

不覺得我們很快就能迎來在元宇宙中與加密龐克們一起共舞、高歌、暢談的那一天了嗎？事實上 Alethea AI 因為與藝術家羅伯特・愛麗絲（Robert Alice）合作，製作結合 NFT 與 AI 技術的智能 NFT「愛麗絲」而掀起話題。愛麗絲使用羅伯特設定的個性，

透過自我學習，能夠與人們進行對話互動（愛麗絲在 2021 年 6 月在蘇富比拍賣）。儘管目前對話能力還不是很完美，但相信隨著技術發展，智能 NFT 商用化的未來很快就會到來。

Hashmasks：NFT ×社群×收藏品

• 活生生的 NFT 收藏品：Hashmasks

被稱為「活生生的數位藝術 NFT 收藏品」的「Hashmasks」，經過一個週末的交易金額是 1,600 萬美元（折合台幣約 4 億 4654 萬元），所有的 Hashmasks 卡都被搶購一空。名字到現在對大眾來說多少還有點陌生的 Hashmasks，到底為什麼能讓加密「行家」們對它如此狂熱呢？

2021 年 1 月 27 日，一位 ID 為「Cryptopathic」的推特使用者向推特知名人士 Crypto Cobain 發送有關全新的 NFT 專案的訊息。Hashmasks 是從元老 NFT 收藏品加密龐克中取得靈感製作的專案，Crypto Cobain 就像不知道受什麼的吸引，買下許多張 Hashmasks 卡，然後馬上在推特上留下「可惡，我到底為什麼花了 10 萬美元買這些呢？」的文字。在當時，Hashmasks 會成為「下一個熱潮」還是讓收藏家們後悔的專案，誰也不知道。

幾天後，數千位收藏家共以 1,600 萬美元購買下 1 萬 6,384 個 Hashmasks，吸引全世界的目光。繼 Rare Pepe、加密龐克、謎戀貓

以及最近的 NBA Top Shot 後，Hashmasks 踏上 NFT 收藏品王者的
腳步，新一代霸主就此誕生。

• 邀請收藏家參與作品創作

　　Hashmasks 的兩位創始人在發表專案的 1 年半前，也就是 2019
年秋天起，以還有點模糊的概念開始著手這個專案。Hashmasks
的角色是從 1980 年代藝術家尚 - 米榭・巴斯奇亞（Jean-Michel
Basquiat）的作品得到靈感，限量發行 1 萬 6,384 個 NFT。有趣的
是，購買 Hashmasks NFT 時還能獲贈名為「NCT Name Changing
Tokens」的代幣，這是賦予收藏家可以為自己持有的 Hashmasks 取
上獨一無二名字的機制。邀請收藏家成為作品共同創作者的這個概
念十分創新，也是現在 NFT 世界中被認為是最重要的趨勢之一。
NCT 代幣之所以重要，是因為給收藏家命名權也直接關係到決定
該作品的價值，Hashmasks 有著作品名稱越稀有價值就越高的傾向，
決定 Hashmasks 稀缺性的其他因素還包含皮膚或眼睛的顏色、是人
類的外型還是機器人的外型、是否有戴口罩等。

　　如同在各 Hashmasks 的稀缺性上收藏家扮演很重要的角色，
最初製作 1 萬 6,384 個 Hashmasks 時，社群扮演的角色也很重要。
原本 Hashmasks 創始人原本想在像 Fiverr 這樣的接案平台，支付少
量的預算招募繪製角色的藝術家，但是透過這種平台提案的作品大
部分都是令人失望的水準。最終由兩位創作者歷經辛苦的評選過

程後,選出 70 名左右的藝術家,由他們構思出各式各樣屬性,將過程中出現的各個種類的屬性透過演算法方式隨機組合,誕生出 Hashmasks 的角色,約有 80% 的角色是透過這種方式製作、發行的,其餘 20% 則是由兩位創作者直接完成製作。2021 年 1 月 28 日,Hashmasks 已做好對外公開的準備了。

• 獨創的銷售方式

Hashmasks 初次亮相時,有趣的是它是透過聯合曲線(bonding curve)的方式銷售的。聯合曲線方式是依照事先設定的曲線決定各 NFT 的價格,換句話說,已經售出的 Hashmasks 數量越多,下一個 Hashmasks 的價格就會越高。具體來看,最一開始出售的 Hashmasks 是 0.1 以太幣(當時市價約 130 美元),最後一個出售的 Hashmasks 則為 100 以太幣(當時市價約 13 萬美元),這是為了讓買家感到越來越迫切而設計的定價機制。

但是這樣獨特的銷售方式最初公布時,推特上的 NFT 群眾看起來並未有太大的迴響,提到這件事的僅只有幾則推特而已,那麼 Hashmasks 獨創的銷售方式後來是成功還是失敗了呢?

開始銷售經過 6 個小時,賣出 3,000 個 Hashmasks,因為買家連自己擁有什麼樣的角色,或它有多麼稀有,都完全無法得知,因此開始在買家間掀起激烈的稀缺性競爭。除此之外,隨著賣出的 Hashmasks 越多,想要取一個特別的名字就變得更難,在 NFT 社群

中成為一大話題的同時，對於這項專案的關注度隨之暴增。

到了 1 月 30 日，Hashmasks 大部分都在 1 以太幣左右交易，當時以 0.1 以太幣出售的第一個 Hashmasks，也以 100 以太幣的價格被轉賣，推特上出現大量有關 Hashmasks 的文章，一下子 Hashmasks 就變成網路上的熱門話題。

在開始銷售經過 48 個小時後，Hashmasks 的交易規模，包含轉賣在內的總金額，總計已經達到 1,600 萬美元。

有趣的還不只這樣。Hashmasks 創作者們因為希望社群在購買後也能持續參與，因此在有些 Hashmasks 卡中暗藏了些有趣的內容。事實上，買家們也在週末快過完時才開始慢慢發現。例如有一位推特使用者就發現 Hashmasks 卡片號碼若為費式數列（前面兩個數的總和會是下一個數的排列），象徵費式數列的記號會藏在該角色卡中。推特上也有人分享發現 Hashmasks 卡片可以像拼圖一樣互相吻合，或是也有找到可連結到其他內容，被藏起來的 QR Code。此外，Hashmasks 卡是否有暗藏以梵語寫成的訊息，兩個 Hashmasks 是否長得完全一樣等小發現所帶來的趣味，也為社群成員們打造無止盡的話題。

• 活用社群的影響力

從 Hashmasks 案例來看，在進行 NFT 專案時，若能最大化地使用社群影響力，那麼在未來也就能將更多 NFT 專案帶向成功。

其實已經有幾個 NFT 專案採這種拓展方法，也都各有成果。最成功的案例是在 Hashmasks 上市的幾個月後推出的 Meebits 與無聊猿猴遊艇俱樂部（Bored Ape Yacht Club，又稱無聊猿、BAYC）。

　　Meebits 就像前面所說的是加密龐克創立者做的全新專案，以「社群限定發售」讓已經持有加密龐克的收藏家們將 2 萬個 Meebits 中的一部分拿出來，讓他們擁有以免費價格鑄造的權利，掀起一股話題。這是透過送給現有社群成員名為「單獨權」的特別感，讓他們把注意力與影響力帶到新的專案上，可說是傑出的案例。另一方面，無聊猿猴遊艇俱樂部中，提供擁有無聊猿猴 NFT 的收藏家們，可以進入名為「廁所」（The Bathroom）的社群畫布，成員們每 15 分鐘可以畫 1 像素的圖畫，這些像素圖畫結合後就會成為像素藝術，這是為了滿足人們對於歸屬感的需求，而使用共同創作作為社會黏著劑（social glue）之一的優秀案例。

　　NFT 最初因為可作為對個人所有權的證明而受到關注，但現在可期待透過 NFT 形成社群且永續發展，以及藉此產生個人的幸福感與力量的時代。令人不禁期待未來又會有什麼樣的專案會因社群，或為了社群而誕生呢？

第四部分

NFT 的價值評鑑

1 如何評鑑 NFT 的價值

要評鑑 NFT 的價值與金額是一件很難的事。市場潮流總會隨著時間變動，人們的喜好也會改變。一開始大家還覺得很新穎的藝術素材，有可能會一下子就覺得過時。一開始無法吸引大眾興趣的作品，也有可能遲來地發光發亮。尤其是 NFT 藝術價值評鑑是一個非常困難的領域，哪些作品有人氣、有價值，這都取決於收藏家們的主觀判斷，而且在許多方面上會隨著市場的共識而改變。

為了更深入了解如何在主觀與社會共識之間巧妙地評鑑 NFT 藝術的價值，並且試著從人文角度分析，我們對這一領域的名人們進行了獨家專訪。從與七位世界級 NFT 創作者及收藏家的訪談中發現了一些明確的事，那就是作品行銷與交易上有三個非常重要的關鍵字：思考模式、故事與稀缺性。

思考模式&故事

如果你是 NFT 創作者的話，以正確的思考模式創作是件重要的事。如果你是在看到許多巨額的 NFT 交易後，單純地認為 NFT 是個能輕鬆賺到快錢（quick money）的手段，那你會很難收穫美好的果實。因為身處藝術與商業的緊張界線上，需要透過自身的故事將身為藝術家的真實情感傳達給收藏家們。

　　這裡提到的「故事」不單指文字而已，它同時可以藉由作品題目、作品說明來直接向大眾說故事（storytelling），也可能是作品本身散發出的獨特藝術氛圍，又或是能與鑑賞人共享的細膩情感。為了在這本來就有數萬個作品、而且每分每秒都有新作品上傳的 NFT 叢林裡吸引鑑賞人的青睞，這些作品就必須要有屬於自己的獨特故事。

　　請你想一下自己想透過作品和這個世界分享什麼故事。不是跟隨一時的潮流，而是作為加密藝術家，將你本身的特性調配成色彩鮮明的故事。說故事不是單方面的行為，在作品交易後，創作者仍可持續與收藏家聯絡、補充自己的故事細節。此外，它還有一種魅力，那就是能在各種社群網站上與大眾對話，為大眾所熟悉的藝術風格添加了新鮮感。

稀缺性

　　接著我們來思考作品的稀缺性。誠然，對於「直到賣掉之前要不停鑄造」這種所謂量產的誘惑，我們很難說它一定是不好的行為，因為短時間內上傳許多作品確實可以讓創作者快速獲得市場（收藏家們）的回饋。尤其當你是新人創作者的時候，這會幫助你抓到往後自己藝術上的發展方向。但是 NFT 是個相當重視獨特性與稀缺性的世界，如果能反映你自身獨特性的作品已在市場廣傳開來的話，那繼續量產對於你的每個作品價值，或更進一步來說，連

你的品牌價值都會有很大的下降風險。所以，不時有創作者（尤其是中間層的創作者們）向持有自己過去 NFT 作品的收藏家們買回自己作品並銷毀的情形。雖然稀缺性不保證能提高價格，但是讓人們狂熱追捧 NFT 的原因，正是其具有的稀缺性。

給收藏家的價值評鑑標準

　　如果你是收藏家的話，請試著以下列問題為基礎建立 NFT 價值評鑑標準。如果你是創作者的話，這些也一樣對你有所幫助，因為這個標準能從收藏家角度試著評價自己作品。

　　① 我對該 NFT 作品的第一印象是什麼？
　　② 這作品是否能掛在家裡炫耀、展示給朋友們看？
　　③ 這作品有多麼獨一無二？
　　④ 它與其他相似的作品主要差異是什麼？
　　⑤ 創作者有多常展示作品？
　　⑥ 創作者的經歷及成就如何？
　　⑦ 這位創作者的作品還有誰也在收集？
　　⑧ 創作者在創作作品時，主要探索怎樣的主題？
　　⑨ 創作者的故事有多麼獨一無二？
　　⑩ 創作者在社群網站上有多麼活躍？

如果你已經準備好了以上問題的答案，那這裡再加一個問題。在你按下購買前，還有一個非常重要、終極的問題必須問你自己：

「即便成為這件 NFT 最後一位持有者，我會就此滿足嗎？」

有很多人看到NFT藝術作品的高流動性、陡峭的價格曲線後，抱持著投機的心態接觸 NFT。可是請一定要記住，流行趨勢的變動比我們想得要更加快速。就算你買下的 NFT 作品往後絕對不可能再以更高的價格賣出，但當你有想要擁有那件作品的欲望時，請直接買下那件 NFT 作品。

2　專訪系列 1：NFT 創作者

　　首先，我們先簡單介紹一下海內外優秀的 NFT 創作者們。他們是一群比起「創作者」更適合用「藝術家」來形容的一群人，他們是 Hackatao、Carlos Marcial、Mr. Misang 以及河允，作品總價高達數百萬美金。由此可見，在建構全球 NFT 社群藝術網絡框架中，他們在各自的領域裡以多元的面貌扮演著重要的角色。希望讀者們能透過他們的故事，試著思考有關 NFT 價值評鑑的重要問題。

　　• **Hackatao**：出身於義大利的 NFT 藝術二人組，主要透過藝術作品來表達言論自由、表現自由、人類對環境的影響等而聞名。Hackatao 的作品特徵是以一個叫「Podmork」的圖騰崇拜雕刻品為主，也是最近市場上最熱門的作品之一。Hackatao 的創意途徑指出了能在 NFT 世界獲得成功的路線。

　　•**Carlos Marcial**：雖然出身於墨西哥，但是位全世界走透透、致力於創作的全職 NFT 藝術家。他的〈Infite Loops〉系列重新定義了 NFT 藝術。採訪中他談到自己接觸 NFT 藝術之前、還是靠接案維生的平面設計師時，曾經歷過一段艱辛的時期。Carlos Marcial 不只是 NFT 藝術家，他還在區塊鏈與 NFT 社群裡發揮領導能力，其故事也給了我們許多啟發。

• **Mr. Misang**：韓國最具代表性的第一代 NFT 藝術家，作品是在談論上班族日常經歷到的經濟困難、社會困難，因此獲得了很大的迴響。他的〈Modern Life is Rubbish〉NFT 系列曾為他從全球各國收藏家身上賺取 100 萬美金以上的報酬。Mr. Misang 在創作 NFT 藝術的同時，也在一個叫 Cryptovoxels 的元宇宙裡架設了只屬於自己的畫廊。他是一位在韓國 NFT 歷史上有著劃時代象徵的藝術家。

• **河允**：他是一位獲得全球認可的脊椎神經外科醫生，也是一位傳統藝術家，以結合醫學與藝術的驚人創作來與世界溝通。河允博士的作品充分地反應出他的雙重職業性質，例如他探尋人類情緒與生活意象、記憶間關聯性的動態雙腦地圖作品。他的作品讓我們知道透過 NFT 可以將傳統與數位的藝術調合在一起。

義大利NFT藝術二人組：Hackatao

Hackatao 的出現始於一段愛情故事，這一對 NFT 藝術二人組於 2007 年末相戀了。兩種想法、兩顆心、兩個人的生活雖然搭上同一艘船，開始了雲霄飛車般跌宕起伏的生活，但是換個角度來看，他們也因此創造出了 Hackatao 的 NFT 代表作品。2018 年對他們來說是特別重要的一年。那年 11 月，他們在義大利托爾梅佐舉辦了一場「FIGHT FEAR」的展覽，展示了包括擴增實境（AR）等

藝術作品。以當時的環境來說，這是相當勇敢的嘗試。展出的所有作品上面都有著巨大的「X」字樣，觀眾們只能透過掃 QR code 連結到 SuperRare、KnownOrigin 兩家 NFT 藝術平台，才能欣賞 Hackatao 的完整作品。這是場首次結合實物藝術作品與 NFT 作品的展覽，在此之後 Hackatao 便深深地陷入元宇宙了。

對 Hackatao 而言，元宇宙不只是單純地展示 NFT 藝術作品的空間而已，它還是個能與人建立社群、與 NFT 世界裡具有影響力的人們相處的地方。他們因與當代數位藝術博物館（Museum of

First Supper

Contemporary and Digital Art，MoCDA）的策展人埃莉奧諾拉·布里茲（Eleonora Brizi）熟識，而能與更多元的 NFT 藝術家們建立緊密的關係與合作。尤其是 Hackatao 與不少元老 NFT 創作者們一起創作的〈First Supper〉最出名，這個在 Async Art NFT 平台上完成的作品，光是因為巨星級 NFT 創作者們共同創作，就已掀起很大的話題。現在〈First Supper〉是由以 Beeple 的〈每一天：最初的 5,000 個日子〉競拍得標者而聞名的 Metakovan 所持有。

在此之後，Hackatao 與同是 NFT 藝術家兼收藏家的 Coldie 一起創作了名為〈Unidentified Art Phenomenon〉的作品，由 SuperRare 平台發行。他們定義了在 NFT 世界裡旅行的特別意義，作品中也帶有獨特的風格。

Unidentified

假如 Hackatao 早期沒有致力於建構自身的社群網絡的話，這

些共同創作是不可能會出現的。這也意味著我們終究要透過與他人的關係才有辦法從「無」創造出真正意義的「有」，特別是在像 NFT 這樣一個尚未形成完美環境的世界裡，充滿著許多不拘泥於既定框架的角色與機會。如果你是剛接觸 NFT 的新人藝術家，這些前人行走過的足跡正是值得留意之處。

圖 4-1 │ Hackatao 的〈Queen of Pop〉

1. 安裝 Artivive APP

2. 尋找帶有 Artivive 標示的圖

3. 用你的智慧型手機瀏覽圖片

下載 Artivive APP，掃 QR code，不用加入會員或登入即可觀賞影片。
出處：作者提供

　　Hackatao 之 所 以 能 在 SuperRare、MakersPlace、Async Art、KnownOrigin、Nifty Gateway 等 NFT 市場平台上獲得成功，原因是他們能努力不懈地去發問、探尋。他們的 NFT 作品被收入知名的收藏家 888、Metapurse 等人的數位錢包裡，區塊鏈與藝術領域裡公認的專業部落格「Artnome」也數次提及 Hackatao。他們已成為這個圈子裡受人尊敬的 NFT 藝術家。

　　Hackatao 在採訪過程中不時地表達對收藏家們的感謝，他們認為自身的成功歸因於和收藏家一起追求 NFT 藝術的發展，才有今日的成果。Hackatao 表示自己不用再擔心是否能從傳統藝術世界裡獲得正統認可，因為他們找到了會尊重與紀念他們創意的 NFT 藝術共同體。

　　Hackatao 的創意力來自於想與觀眾一同探索人類各種狀態的好奇心，所以他們在開始創作之前會先進行建立意識層面的對話。這時討論的主題非常多樣化，像是社會上不合理的事、大眾文化、人類對環境的影響等。決定好主題後，兩人會分成兩個角色，例如一個人繪製初期的輪廓，另一個人則是畫出無意識的扇狀圖案。這種「你來我往」的過程中便誕生出了一件件藝術作品，也有助於發揮各自的才能。他們說這樣的創作過程能幫助他們將「陰與陽」的動態性融入作品中。換個角度來看，這整個過程在他們現在進行的 NFT 藝術故事中，每個瞬間都在為其增添新的內容。

　　在採訪接近尾聲時，Hackatao 提到他們對其他文化也很感興趣，這種興趣對他們的 NFT 藝術哲學與創作活動帶來很大的影響。

他們告訴我們亞洲的色調、日本的漫畫文化、東洋哲學等如何影響他們的視覺風格。實際上，厚黑的線、耀眼的顏色以及 Hackatao 特有的角色人物都明顯有著東洋特徵。這種視覺要素是 Hackatao 的獨特審美本源，也是他們的本質。事實上，Hackatao 的獨特風格不只是西洋文化與東洋文化的結合，其中還象徵著他們對 NFT 的看法與態度。「NFT 空間是個沒有國境的平台。」Hackatao 說道。也因此，NFT 藝術可以幫助活在文化富饒時代的我們從其他文化中學習，也可以拉近彼此分屬不同的共同體間距離。

　　Hackatao 的作品展現了他們想與大家一同創造世界的渴望。他們想要傳遞的故事不只是有關藝術、愛情故事而已，而是兩個想法、兩顆心、兩個靈魂凝聚在一起後共享的特別「瞬間」。代幣化的愛情瞬間，無論是出於刻意或者不是，它現在的確存在於元宇宙裡，它儲存於區塊鏈上（on-chain），將永遠被見證、永遠被人欣賞。

　　以下是我們與 Hackatao 的採訪內容。

Q：你們是如何組成 Hackatao 的？名字有什麼由來嗎？

　　「Hack」是指進入人的內在，發現其深藏於底的東西並感到喜悅；「Tao」是指我們之間的動態性——陰與陽。Hackatao 於 2007 年在義大利組成，2018 年將我們的第一個作品在區塊鏈上代幣化。雖然之後偶爾會在展覽上展示數位藝術，但是我們當時在加密藝術領域裡還未獲得像現在一樣的尊重或真心的理解，所以初期我們曾嘗試過陶瓷、素描、帆布畫、三次元平面圖等。

Q：你們是在怎樣的狀況下第一次知道 NFT ？

　　我們在 NFT 存在的同時就已成為一部分了，所有的事都在瞬間發生，當我們知道 NFT 時就已經是踏入裡面的狀態了。

Q：什麼是之前你們不可能做到的事，而 NFT 讓你們做到了？

　　NFT 可以賦予我們開發的數位語言意義與價值。雖然我們出發點始於數位藝術家，但是我們認為要繼續走在這條道路上的話，還是為時尚早，所以我們轉換跑道往傳統藝術市場，是 NFT 讓我們重新找回藝術的根源。

Q：你認為 NFT 改變了你在作品中的說故事方法嗎？

　　確實如此。NFT 讓我們可以去玩所謂「意義」的這種東西，這個過程中可以同時存在著各式各樣的解釋。我們還可以增加音效，進行更深入又精細的創作。即便自己的作品所有權移交到了收藏家手上後，NFT 藝術家仍可以隨時接觸那個作品，所以能持續與自己的作品累積紐帶關係，因為這是打不破的連結。另外，傳統藝術世界裡，實物作品必須到畫廊展出或舉辦展覽等才能與觀眾直接接觸，可是 NFT 作品公開的瞬間就能看到觀眾們的反應，這點給創作者們帶來很大的滿足感。這樣的速度感會給藝術家帶來想創作更多、想分享更多的動力與意志。

Q：加密藝術家與 NFT 藝術家的差別是什麼？

加密藝術家是使用 NFT 進行藝術創作，因此兩者緊密地相連在一起。

Q：你們透過自己的藝術與人們分享怎樣的訊息？

我們探討心理學、鍊金術、哲學、大眾文化與現代議題、政治與環境等主題。當誰在欣賞著我們的作品時，他其實也是在觀賞我們的意識流。我們也是回顧了過去的歷史並從中學到了很多，也因此更加領悟到我們必須去填補的隔閡、該做的事與創作的空間等等。現在人類被不斷流動的新聞與資訊給壓迫著，經常會處於快窒息般的狀態，我們為了尋找能再創造這種情況、脫胎換骨的方法而回顧過去，找到自由、不斷地學習，從自然與藝術中學習且正在找尋答案。

Q：NFT 如何改變了你們的生活？

人們漸漸認為所有的一切都要圍繞著利潤，而我們一直是以獨立創作的方式進行，不曾以創造利潤為目標創作過。NFT 幫助我們可以持續進行藝術創作活動，讓我們能開發更有組織性的企畫、做更

熊之頭

多實驗性嘗試，並且在這過程中讓我們在藝術方面更加成長。對了，我們甚至獲得了為在 2021 年 7 月的佳士得拍賣上出現的李奧納多‧達文西〈熊之頭〉（Head of Bear）創作 NFT 紀念作品的機會。

哇，我們真的沒有想過會發生這樣的事情。做藝術就像在度過一個
永遠不會結束的暑假一樣，彷彿回到了小時候那種擁有全世界所有
時間的感覺。不對，實際上就是那樣，我們回到了更自由自在的童
年時期了。

Q：你們的 NFT 作品之中，最喜歡的作品是哪一件？

這很難選！這就跟父母很難選出自己最愛的子女一樣。我們
喜歡我們創作的所有作品，並且很歡喜地看著這些作品們到處旅
行。藝術作品像是小孩子一樣，開闢屬於創作者也無法預料之路，
隨著時間流逝，它會以所有人絕對無法想像到的方式進化。當我們
公開藝術作品後，觀眾們賦予這些作品的意義也會隨時間而變動。
對我們來說是種能感受到新情緒的體驗。

Q：收藏的 NFT 作品之中，最喜歡的是哪一件？原因是？

像素畫完全擄獲了我們的心！尤其是 Nick Little 的作品是我們
非常喜歡的作品之一。另外，我們擁有元老加密藝術家的各式各樣
作品，其中很喜歡 Robbie Barrat 的作品，Robbie 是首位在 SuperRare
平台上將作品代幣化並上傳的藝術家，他的第一次 NFT 拍賣故事
真的很刺激。他在 2018 年佳士得主辦的「Art and Tech 藝術科技
峰會」上，撒出了 300 張自己的 NFT 作品免費交換券，當時大多
數的收藏家還不懂 NFT 藝術的威力，最終都把交換券丟掉了。實
際上，300 張之中只有 12 張被兌換了。像這些已消失的 NFT 故事

被製作成了《The Lost Robbies》漫畫。對了，〈AI Generated Nude Portrait #7〉也是我們最珍惜的收藏品之一。

Q：你們參與過的 NFT 企畫中，最喜歡哪一項企畫？

　　我們與 NFT 產品及專利管理公司 Pixel Vault 的 Punks Comic 合作的〈Queen of Punks〉作品，那是從 Punks Comic Genesis 中的一位主角 Courtney（加密龐克 #2146）身上獲得靈感的作品。還有另一個

QueenOfPunks

企畫是在 Async Art 平台上的〈First Supper〉作品，那是與 Coldie、Josie、Xcopy、Matt Kane 等 12 位 NFT 創作者合作的大規模作品。我們也正計劃著日後能與許多有趣的藝術家及音樂人們一起創作，希望能快點與大眾分享這一切。

Q：現在進行中的 NFT 企畫裡，有能和我們分享的嗎？

　　就是前面有提到的，我們從李奧納多・達文西的〈熊之頭〉獲得靈感並進行創作的企畫。我們真的很高興佳士得邀請我們參與 2021 年 7 月倫敦拍賣會，從達文西的親筆素描中得到靈感，設計了 3D 動畫版本。元宇宙世界裡新誕生的我們的熊，牠會張大嘴巴，整個臉是繪滿了 Hackatao 特色的圖案。還有，那張圖會像生物一樣動起來。

Q：在你們的國家，人們是怎麼看待 NFT 藝術領域的擴張？

因為 NFT 的世界裡沒有國境，所以很難有彼此是其他國家的概念。NFT 是跟著整個世界運轉的；NFT 藝術是個全新的領域，它正向龐大的聽眾介紹區塊鏈技術。我們正看著這新的經濟型態誕生，因此我們希望未來「沒有壁壘的世界」認知能更加普及化。經濟落後地區的人民也可以在新虛擬世界裡活動，這是個能獲得更多機會的世界。

Q：上傳作品時最喜歡使用哪一家 NFT 平台？原因是？

根據藝術家想傳遞的內容與作品的特性，有各自適合的不同平台。例如，SuperRare 是適合上傳獨特作品的平台，Nifty Gateway 提供夢幻般的開放版功能。其實，到目前為止沒有一家 NFT 平台可以說得上是我們最喜歡的。如果你們平時會留意市場動態的話，就會知道要走的路還很遠。

Q：你們是怎麼決定自己作品的價格？

根據我們的作品在市場上獲得怎樣的評價、價格如何，而決定價格的樣子。所以藝術品的價格可以說是市場與收藏家決定的。

Q：Hackatao 與其他 NFT 藝術家不同之處是什麼？

大概是風格較為顯眼吧？我們不會停止創作的！持續嘗試的同時，我們會努力不喪失原本樣貌，不扭曲獨有的表述觀點。

Q：如果 Hackatao 是個音樂組合的話，會演奏出怎樣的音樂呢？

如果我們是樂團的話，我們會經常尋找創作音樂的新方法。或許會不停地研究與融合各式各樣的風格，會為了試圖創造一個新文化而發出創新的聲音與旋律，可能會製作出令你忍不住想跳舞的音樂。我們聽的音樂範圍很廣，從帶有民族或巫俗風格的音樂，到擁有北歐海盜風格的音樂。彷彿是一部戲劇，會像那些嗨翻舞台的樂團們讓觀眾感到驚訝，會帶給觀眾更加強烈的體驗。作為樂團的 Hackatao 會製作不常見的音樂，即使進入另一種風格，也會讓聽眾回憶起先祖們；也會製作出穿梭於古典音樂與電子樂間的音樂。

Q：如果你們自身的故事翻拍成電影的話，覺得會由誰來飾演自己的角色？

如果 Hackatao 的故事製作成電影的話，雖然不知道誰會來演我們，但是以美學角度來看，比較可能是魏斯·安德森（Wes Anderson）的電影，因為電影《歡迎來到布達佩斯大飯店》中簡潔的畫面架構、幾何學構造擄獲了我們的心。如果是故事層面的話，大概是像大衛·柯能堡（David Cronenberg）的《童魘》或是史丹利·庫柏力克（Stanley Kubrick）的《發條橘子》腳本裡的模樣。還有，我們的藝術裡結合了許多現實層面與多元解釋的可能性，而大衛·林區（David Lynch）的《穆荷蘭大道》也帶有這樣的感覺。如果要說電視劇的話，《超時空奇俠》或《怪奇物語》、《鬼玩人》也很相似。因為我們從經典恐怖電影與文學中也獲得許多靈感。

Q：有什麼建議可以給想將自己作品做成 NFT 的新人藝術家？

我們想告訴他們，不要認為這世界單純是能獲得龐大利益的地方，這不是做藝術的正確方法，這是錯誤的態度。只要進到 NFT 世界就能馬上獲得巨大成功的想法，只不過是一種神話而已。如果你想在熱門的 NFT 藝術社群裡活動的話，必須尊重那個社群並努力成為其中的一份子。即使有時候事情不如想像般的順利，希望你們不要停止創作，把握機會從中更加鍛練心智，將負面的東西轉換成正面思考，更努力去學習。不為別的，希望你們僅是因為喜歡藝術而進行創作活動。

Q：請用一句話形容往後 100 年你們想被社會記住的模樣或是你們的藝術。

「所有人都可以觀賞，但只有一個人能擁有它。（Everyone sees it but only one owns it.）」我們認為這句話能很好地詮釋現在 NFT 領域的核心觀念。

Q：最後，如果你們要辦一場派對，會想要邀請誰？

我們想要舉辦一場能與客人們有良好交流的親密晚餐。應該會有尼采、李奧納多‧達文西、二十歲時年輕的愛因斯坦、海芭夏、安迪沃荷，還有想要邀請搖滾樂團金髮美女（Blondie）、海蒂‧拉瑪（Hedy Lamarr）、塔瑪拉‧德‧藍碧嘉（Tamara de Lempicka）等。啊，這應該會是一場很酷的派對！

墨西哥NFT藝術家：Carlos Marcial

　　Carlos Marcial 對待作品的態度始終如一，他在作品裡真心地去述說自己想表達的加密世界故事。當藝術作品代幣化時，他對於作品能永遠保存於區塊鏈一事抱持著敬畏之心，並努力透過作品去表達這件事。他說，「我覺得自己就像是在永不消滅的數位石頭（digital stone）上刻字一樣。」他最具代表的〈Infinity Rooms〉系列不僅僅是代幣化的作品而已，而是他發自內心的訊息。他堅定地認為分享這些訊息是他作為藝術家的責任。關於他作為 NFT 藝術家的角色及信條，他是這麼說的：「如果自己知道想透過作品說什麼的話，那之後就應該去了解怎麼好好表達出來。」

　　Carlos 的作品裡不只表達出數位藝術家在創作時的個人煩惱，也表現出社會制度體系壓抑創意發想的不合理情況。對許多想踏入 NFT 世界的數位藝術家而言，Carlos 的故事會令人感到非常親切，這也是他想向新人藝術家分享的故事。可能有些人會覺得 Carlos 在加密藝術界的成功是一夜爆紅，但實際上他以自由接案的數位藝術家身分在設計工作室與區塊鏈公司工作了 10 年，他的成功是多年努力累積而成。他說自己為了拿到外包製作費，過去像滾輪上的倉鼠一樣每天反覆從早上 9 點工作到下午 5 點，不斷地為了別人的願景而工作，無意義的工作使得自身精神、甚至靈魂都疲倦不已。加密藝術幫他切斷了那永無止境般的不幸生活，給他帶來創意的自由，也為他的家庭準備了經濟自由的方案。

他非常感謝那些幫助他踏入這領域的人們，每次想起他們內心都會澎湃不已，像是加密藝術家 Coldie、Xcopy、Robness、Max Osiris 等人，他們打造了相關的社群，開闢了能讓像他這樣的藝術家在加密藝術世界裡可以自由創作的道路。這些 NFT 領域傳說級藝術家帶給他的影響，是讓他覺得自己也必須回頭幫助新人藝術家取得成功。他想向新人藝術家們說的建言是簡單又難做到的：「要擁有能超越數字的眼光。」

當然，Carlos 也很理解剛開始實際從事藝術活動有多麼艱難：

「第一次接觸 NFT 藝術時，我只看得到數字而已。NFT 交易的高額價格吸引了我的全副心神！老實說，剛開始誰都會這樣。可是當你漸漸深入了解 NFT 世界，你會建立起能理解 NFT 真正價值的思考模式，因為你會逐漸感受到作品可以永遠保存於區塊鏈上的這個事實有多麼強大。」

這力量彷彿改變了自己的人生一樣，他覺得要將這些感觸告訴別人，讓加密藝術運動受到更多關注，而參與這場運動是他的責任與使命。

Carlos 認為包括自己在內，參與 NFT 世界的所有藝術家都具有獨特的影響力，而加密藝術將成為藝術史上重要的藝術運動之一，像是印象主義、超現實主義、達達主義等藝術運動一樣，對美術史帶來深遠影響。他解釋說：「當時可是沒有人知道這些運動究竟會對藝術史帶來怎樣的影響呢！」而他很自豪自己能在推動加密藝術成為藝術史上劃時代的藝術運動上做出貢獻。

　　當他討論到 NFT 在藝術史上的價值時，引用了藝術界經常使用的形容，如同 KnownOrigin 平台在 NFT 市場上的自我介紹是「後後現代主義數位藝術家」。他也提到了法蘭西斯・福山（Francis Fukuyama）的著作《歷史之終結與最後一人》：「我之前認為藝術界再也不會有新的事物了，可是加密藝術與 NFT 改變了我的想法。加密藝術的故事正在不斷地持續變化呢！我們是推動 NFT 世界發展的主體，並一起書寫我們這個世代與下一個世代的藝術史。所以，我認為更適合說是後後現代主義藝術家，而不是後現代主義藝術家。」

　　Carlos 希望新人藝術家們聽到自己過去的經驗時，能覺得 NFT 是個可以享受創作、適合進行各種實驗的東西。他知道藝術家要創作、賺錢、成功都不容易，也很清楚 NFT 領域不是個能輕易成功的地方。然而，藝術家們如果為了將屬於自己作品的故事永遠保存於「數位石頭」裡而使用 NFT，並抱持著這樣的信念默默地進行藝術創作的話，他相信這能大大幫助藝術家在這領域裡累積成功。不過，他希望新人藝術家們取得成功的時間不要像自己一樣花上十多年。事實上，他希望新人藝術家們可以自行脫離「藝術家一定要餓肚子」的傳統觀念，也期待他們能帶頭改變這種想法。

　　他認為「學習」是將職業生涯帶向成功的重要關鍵，所以他建議新人藝術家們要用真心學習加密藝術市場。當與別人討論到 NFT 時，不要像販賣商品的業務一樣，要用真摯的態度去面對；最重要的是要有一些自己可以很有自信地說出來的東西才行。

「不會很輕鬆的，也不會一夜之間成功的。可是，當你累積到了可以這麼說的實力與知識時，就像是喝了一小口好的紅酒一樣，那種感覺會非常的甜蜜。」他這麼說，「越是了解 NFT 與加密藝術的話，越會深陷其中。雖然我走到現在的地位花了十年，但是我不想改變這段旅程的任何一個部分。」他補充這句話時露出了足以刻在數位石頭上般的堅定笑容。

接下來是我們與 Carlos 的主要採訪內容，希望讀者們能陷入他那充滿魅力的故事之中。他的作品可以在 SuperRare、Nifty Gateway 及 KnownOrigin 等平台上看到。

SuperRare

Nifty

KnownOrigin

Q：誰是影響你人生最大的人？

我人生中的女性們，就是我妻子、丈母娘、母親、外祖母還有女兒們。她們支撐著我的人生，讓我不會走上歪路，也帶給我靈感。她們給我的人生帶來很大的影響，我有許多珍惜的事物是來自於她們。簡言之，她們的存在完成了我對藝術的愛，特別是我從母親身上獲得最多感觸。

我母親在波多黎各大學裡教西班牙語，之後她為了取得歷史博士學位而努力唸書，甚至撰寫了一本有關波多黎各藝術市場歷史

的書。母親花了許多時間待在販賣藝術品的地方，在沒錢、沒畫廊的情況下開始學習。有一天母親去了波多黎各某家歷史悠久的飯店，看到牆上沒有畫，便和飯店老闆協商。她能將波多黎各各地方藝術家的最棒作品帶到飯店，而飯店從中獲得的收益要與她互分。這件事母親做了好幾年，而我也受到了影響，像是成為藝術市場的「萬事通」一樣。

Q：可以請你談談你對藝術是抱持怎樣的決心嗎？

　　我開始將作品代幣化是始於我了解到無論什麼東西儲存在區塊鏈裡都不會受損、變化的時候，這樣的領悟有助於我以正確的姿態去開始接觸 NFT 藝術。我瞭解到區塊鏈這樣的特性實際上是許多藝術家最終想要、需要的，無論創作者想要以怎樣的方式保存自己的藝術作品，區塊鏈都可以處理。如果你知道區塊鏈的意義，應該會自然地將它與 Instagram、推特、Facebook 等這類中央集中管理式的數位平台做比較。過去數位藝術家會將藝術作品上傳到這類平台，可是你有想過如果 Instagram 或臉書消失了，你在社群網站上的東西會怎麼樣嗎？我的作品能刻在永遠不會變的數位石頭上，這是相當、非常吸引人的事，這就是我對藝術的決心。

Q：加密藝術社群與傳統藝術社群有什麼不同嗎？

　　在加密藝術社群裡，所有人都很歡迎我，我收到了真正暖心的歡迎。因此，我更加積極參與和社群成員們的推特對話，這也是

我陷入加密世界的主要原因之一。我要向 Xcopy、Hackatao、Coldie 等藝術家表達謝意，這些人特別歡迎我。對了，我還想感謝 Lucho Poletii。我是和 Alotta Money、Trevor Jones 相近的時機進到加密藝術，有幸遇到十分知名的 Robness、Coldie、Max Osiris 傾聽我的話，也很感謝他們與其他人分享我的藝術。這是我的藝術人生裡第一次感到這麼溫暖。

過沒多久，新冠肺炎爆發了。我經常跟別人說，多虧加密藝術社群，我才能在這時期存活下來。這不單單是指金錢上，而是無論在精神上或心理上、靈魂上，我所在的加密藝術社群真的給了我很多幫助。

Q：加密藝術與 NFT 初期是什麼樣子呢？

那就要追溯到新冠肺炎爆發之前了。當時參與加密藝術世界的人不多，那時的藝術家、收藏家比現在要少得很多。但那時真的很有趣，沒有壓迫感那類東西。彼此分享各種經驗，都認為所有人是在同一艘船上，一起攜手前進，簡單說就是很開心。對我們來說，這一切都是全新的經驗。儘管我們知道正在做一些新的事物，但是並不確切了解發生了哪些事。現在回過頭去看，我們當時好像是在奠定加密藝術世界的基礎。

這種重大變化也是每個世紀交替時會發生的事。過去藝術史上發生重要的大型運動時，總是在新世紀到來時發生。最近的二十世紀是以印象主義、超現實主義、達達主義為那時代的特色，而我

認為加密藝術與 NFT 可說是能與這些運動匹敵的二十一世紀巨大變化。我覺得它是起源於藝術家們喜歡聚在一起，分享對過去藝術運動的看法或者類似的聚會。但是這藝術運動發生的當時，沒人能預測它之後會往哪個方向發展。歷史總是反覆上演，現在加密藝術社群與藝術界出現的情況與過去藝術運動的發展非常相似。

Q：加密化的藝術對藝術家的生活有怎樣的影響呢？

使我知道了潛藏於我體內的藝術家精神。其實，過去我為了賺錢不停地孤軍奮戰，不斷地輾轉於各家工作室間，一個客戶接一個客戶地見面。做了很多不想做的企畫，像是碳酸飲料廣告、運動鞋廣告那種，我覺得那些沒有意義的事情在踐踏著我的靈魂。我必須脫離這惡性循環。可能這話聽起來很老套，但是身為藝術家絕對不能忘記當初為何開始創作藝術的純粹之心。我的熱情是絕對不會滅的，儘管那時我為了賺錢而出賣了靈魂。

諷刺的是，當我把 NFT 當作品販賣時，有時會聽到人們說我是出賣靈魂的人。推特上有著不少這樣的言論，到底這樣的想法是從哪裡出來的呢？藝術家要是賺錢的話，就會失去藝術精神嗎？

事實恰好相反，過去我為了生計而無法創作藝術時、我被動地去為我不在乎的產品工作時，那才像是失去了自我靈魂一樣。每天為了活下去而孤軍奮戰，為了付房租而必須出去賺錢時，我連照顧自己靈魂的時間都沒有。如果那時有個可以逃離當時生活的出口的話；如果那時有個可以逃脫貧窮與絕望的惡性循環之方法的話，

難道選擇那樣的路不是正確的嗎？我可以透過加密藝術找回自己的靈魂，我不認為錢是萬惡之源，雖然惡是能不斷擴張的。我想要改變「藝術家一定要餓肚子」的社會刻板印象，我覺得加密藝術與NFT 可以實現這點。

Q：你想透過藝術告訴大家怎樣的故事？

有幾件我很重視的事。我剛開始創作加密藝術時，想傳達「Fiat est violentiam」的訊息，它在拉丁語裡的意思是「法定貨幣（fiat money）的暴力性」，其實再更準確的意思是「pecunia es violentiam」，但那是早期的拉丁語了。我覺得比起「fiat（法令）」，人們可能沒那麼容易理解「pecunia（錢）」的意思，所以決定寫成「fiat」。因為我已做好準備要傳遞我自己與加密貨幣的故事給別人，所以推出與這主題相關的收藏品。我想告訴人們，為什麼加密貨幣世界對我那麼重要，還有為什麼比特幣對我很重要，它又是怎麼改變我的人生。我曾經非常相信政府發行的法定貨幣是世界唯一的貨幣，可為什麼我無法完全脫離貧困呢？還有例如，我們可以將錢很安全地從北京運到墨西哥城，我們能安然度過通膨危機，具有數位稀缺性特徵的加密貨幣令我著迷不已等等，我想要告訴人們這些事。在我知道 NFT 和加密藝術世界之後，那時我覺得，「哇！這真是個全新的世界啊！」所以也想向更多人介紹這個世界。

圖 4-2 ｜ Carlos Marcial 的〈Here Comes Fiat〉

出處：作者提供

　　有一次，我聽到一位阿根廷創作者解說我的作品後，真的感觸很深。他給的評價是「用頭腦思考藝術作品的故事，用心去敘述出來」。我真的覺得這句話很好地詮釋出我的藝術世界。我的大腦去建構加密世界的故事，過去的經驗賦予故事一些感性的元素，我再用作品去表現出來。這在我進行藝術創作時，能讓我更加掌握自己的情感表達，也因此完成了我的代表作〈Infinity Rooms〉系列的創作。這作品不同於我以往的風格，它不是在談加密世界或法定貨幣的故事，而是在談論區塊鏈中的鑄造故事。這作品表達出了永遠奔跑著的模樣，因為我想表達無窮止盡的意思。

精神分析學家西格蒙德‧佛洛伊德在他的書中寫到，「人類是執著於死亡的動物，所以藝術家是嘗試把時間做成木乃伊的人。」埃及人不是想把死掉的人做成木乃伊保存嗎？佛洛伊德說人類是因為執著於死亡、害怕死後遭人遺忘，所以藝術家努力地想永遠保存時間，這點在〈Infinity Rooms〉系列中很好地展現出來。透過這些無止盡的房間，盡可能地讓我的情感在我死後也能繼續到處亂竄著，所以我想要製作出能永遠流傳下去的東西。

Q：對你來說，保存加密藝術的歷史是有多重要的事呢？

現在對我來說這是非常重要的事，另一面它也是藝術家們的歷史使命，因為藝術家必須保存當代的歷史與故事。我認為這對加密世界或是參與 NFT 社群的我們所有人而言，是非常重要的責任。試想一下，未來會有一些藝術碩士生寫下有關 NFT 的畢業論文。他們寫論文時會引用一些研究資料，而現在這個時刻的我們誰做了什麼，都會影響未來我們會怎樣被世人記住。

有一次我在墨西哥城裡進到了一家書店，走向了與藝術相關的書櫃。書架上羅列了各種講述藝術運動的書籍，其中大多將街頭藝術（street art，包括戶外展示、塗鴉、壁畫等廣範圍的藝術）與塗鴉藝術（graffiti art，利用噴漆在牆壁或平面上畫出像是題字的畫作）視為最後的藝術運動，而我確信與 NFT 相關的事將會被記錄成下一場藝術運動的。

Q：令人出乎意料的是，好像藝術家要察覺到自己想做什麼是一件很難的事。你又是怎麼察覺到的？

　　我平常也會思考類似的問題，「我為什麼要創作藝術呢？」「為什麼在創作時選擇特定的顏色與質料呢？」「我是何時、如何發現到我想說的故事呢？」等等，有時候會思考該怎麼回答。這次採訪我也有猜到可能會出現這樣的問題，所以我煩惱了好久該怎麼用簡潔易懂的話來回答。可老實說，我不太清楚該怎麼去表達。事實上，我的藝術大多來自於學習藝術時、從藝術界巨匠身上學到的東西，因為當我在學習為什麼大師們從事藝術時，我會思考自己為什麼要進行藝術創作。不過，這也真的是很難的問題，是個存在主義的問題。或許以後我還會持續地問自己這個問題，了解自己是誰、想成為怎樣的人是件相當重要的事，儘管找答案很困難。雖然身為社會一員的藝術家需要遵守社會規範地生活，但同時不能太埋首於這些，我們需要努力追尋自己是誰、想要什麼。

Q：社群網站對於人們在加密世界裡建立關係有怎樣的影響？

　　我認為現今的社群網站與區塊鏈的優點可以建構全球化社群。現實世界裡我們偶爾會與鄰居進行短暫的對話，也僅止於此。我真正經常聊天的鄰居們都在社群網站或推特上。虛擬世界不受限於時間與場所，我可以和他們聊上好幾個小時。

Q：如果回到你剛踏入加密藝術世界之前，你想給過去的自己什麼建議？

我想跟當時的自己說，一定要徹底地理解稀缺性的實際意義。雖然沒必要太瞭解整個技術的細節，但是一定要確實理解稀缺性的概念意義。「稀缺性」不是天然產生的，而是人為製造的概念。我們認為金是地球上最稀有的資源之一，可是還有更稀少的東西存在著，像是隕石。所以，我應該會和過去的自己說要再深入地去思考該怎麼理解稀缺性、要有怎樣的觀察能力。儘管我們藝術家不能停止藝術創作，但也不是所有的作品都必須代幣化，尤其是從稀缺性的觀點來看。我想告訴自己在挑選要代幣化的作品時需要更加嚴格才行。

Q：你有能在推特上不被當成垃圾訊息而與收藏家聯絡的方法嗎？

參與對話，並成為對話的一部分。這不僅是我自己一個人的想法而已，我聽說行銷專家蓋瑞・范納洽要踏入 NFT，所以我今天早上開始看他的影片，感覺很不錯。他非常清楚一個人要在社群網站上獲得什麼，就該如何與人們溝通。我認為他使用的方法也可以用於藝術家與收藏家交流上，重點在於真心地對話。例如主題是 NFT 的話，請努力試著與人針對 NFT 進行深入的對話。還有，如果看到收藏家們在社群網站上的對話時，希望大家先透過那些對話分析他們是怎樣的人。此外，在所有 NFT 市場都可以看到有怎樣的買賣，請好好觀察資深收藏家有誰、他們收藏怎樣的作品。我覺

得這些都是很好的出發點。

Q：對於藝術，有什麼是你很後來才領悟到的？

也許是件很單純的事，可能聽起來像傻瓜一樣，這件事就是「藝術在人們生活中有多麼重要」。雖然我知道自己對藝術充滿了熱情，但是我不知道我的作品會將我與許多位收藏家連結起來。和他們對話的過程中，我才體悟到藝術的意義有多大、有多麼難以衡量。我不是個虔誠的宗教信徒，可我認為自己是個靈性的存在，藝術對我而言可說是一種後現代宗教。過去所有的哲學教育已死，因為我們不太相信祖先們說過的、做過的，所以現在必須去找尋這世界新的意義。許多人在藝術中尋找其意義，這便是我領悟到的教誨，也給作為藝術家而活的我背負上更大的責任。

Q：新進藝術家們要將自己作品代幣化時，必須考量到哪些事？

我在創作藝術作品時，很重視藝術部分，不太會去思考經濟層面。但是我認為藝術家們必須很瞭解加密藝術的歷史，徹底學習有關藝術市場的事。在學校不是很難聽到有關藝術在商業方面的課嗎？連藝術市場的課都非常、非常罕見。學習這些真的有助於了解韓國或西方藝術市場裡知名的收藏家有誰。其實這些都是相當重要的情報，卻很難找到，所以很多藝術家遭遇困境。儘管大部分藝術家熱愛藝術而創作，可是要將之營利化時，卻不具備能實現營利的工具或知識。所以我總想著十年前、在我二十幾歲時，如果有人能

引領我就好了,可以給我建議,告訴我打造屬於我作品的市場之方法、接觸收藏家的方法、選擇數位工具的方法等等。

雖然這有點題外話了,但是我想說失敗也是很重要的。我以前當自由工作者時有過很悲慘的失敗經驗,可是我從中學到了很多東西,其中最重要的是過去那樣的失敗會讓人更加感激現在、更感到幸福。

Q:如果你要寫一本書的話,會想要取怎樣的書名?

比起認真的藝術書,我應該會寫像是自我激勵的書,書名應該會取「要是你可以去做的話,你就一定做得到(If you might be able to do it, you can do it)」。

Q:最後一個問題,你怎麼看待到目前為止你的加密藝術之旅?

每當我覺得自己的加密藝術家身分很成功時,都會有種奇妙的感覺,有時我獨自陷入沉思時會突然變得很感性。一想到過去數次的失敗是如何造就現在的我時,我現在的模樣會變得更加清晰;越是沉浸於過去,我越覺得現在的成功很帥氣、很美麗,我也越接近「真實的」現實。

韓國第一代NFT藝術家:Mr. Misang

「Misang」是指不明確的意思,與名字不同的是他的 NFT 作

品將「Misang」打造成了世界級名字。他已經是國際上享譽盛名的東洋 NFT 藝術家，或許是因為過去世界集中關注成功的西洋人 NFT 藝術家，所以在別人眼中他並不起眼，才讓他能醉心於藝術創作活動，並且形成近似於邪教（cult）般的粉絲文化。Mr. Misang 透過作品講述職場文化中蘊含的文化情感，而讓他登上世界級 NFT 創作者行列的第一個作品〈Modern Life is Rubbish〉系列，也包含著這種情感。

這系列的 NFT 作品在描述超級競爭的職場文化，上班族們為了在艱苦的生計戰線上生存下來，過著典型的四處奔波的生活。上班族偶然地遇到「Mr. Misang」（與作者同名的角色），終於脫離了艱苦的生活束縛。〈Modern Life is Rubbish〉系列中最後的作品是〈#12. Mr. Misang & Crypto World〉，這象徵性的作品記錄他到達元宇宙時的模樣。再詳細一點就是，他的角色瞬間移動到了去中央化的虛擬土地「Cryptovoxels」，因為到達元宇宙是在對應著他的實際人生故事，所以這件作品更加重要。這作品是在講述發現 NFT 與加密藝術社群前後的生活對比。

Mr. Misang 過去十年間是擔任插畫師，客戶有三星、現代、銳玩遊戲韓國分社（Riot Games Korea）等，無一不是重量級客戶。但是，現在的 Mr. Misang 擁有相信他自己作品的收藏家社群。他的〈Modern Life is Rubbish〉系列單價已被各式各樣的收藏家喊到 200 萬美金以上，並登上 SuperRare 平台藝術家交易名單的前段班。他謙虛地表示，儘管自己的作品被高額交易，但是他希望價格不要

成為自己製作、販賣 NFT 作品給別人的決定因素。不過，他很期待可以看到比使用 NFT 藝術、元宇宙更多的藝術性挑戰。

圖 4-3 ｜作者 Misang 的〈Money Factory〉

出處：作者提供

　　Mr. Misang 說，希望大家不要因為他的初步成功，便把他當作能代表社群的領袖。但不可否認的是，他已成為韓國 NFT 藝術社群裡給人靈感的代表性人物，並為現在韓國的年輕數位藝術家們開闢了新道路。在各種虛擬空間裡，他獨特的藝術才能與現代社會話題的獨特解析早受到許多人的熱愛。Mr. Misang 在元宇宙裡透過像素與世界分享自己的故事，他的作品讓人思考我們究竟能承受多少物質欲望、地位、反覆存在的循環等生活慣行。

　　接下來是我們與他的採訪內容，希望身為藝術家或收藏家的

你也能從 Mr. Misang 的人生之旅中，獲得藝術與文化意涵的靈感。

另外，在 SuperRare、KnownOrigin 平台上，或是可以稱為 NFT 社

群網路平台的「Showtime」都能看到 Mr. Misang 的作品。

KnownOrigin　　　Showtime　　　SuperRare

Q：你成為了 2021 年韓國 NFT 最棒的藝術家，在那之前你是做什

麼的？

　　靠著接 Big Hit 娛樂公司、現代汽車、銳玩遊戲韓國分社等公

司的外包來維持生計，一有空就會進行個人創作企畫。〈Modern

Life is Rubbish〉就是在這樣的情況下持續進行了好幾年的企畫。我

曾經以為這是個還不差的職業，可事實上相當厭倦這樣的生活。我

覺得一輩子靠接案是無法活下去的，因為那樣的生活基本上是「被

動地等待他人提案的生活」，所以為了完全不依靠他人，我準備了

好幾條活路。那時煩惱過要不販賣作品的印刷品或周邊商品，也認

真地準備在贊助創作者網站的 Patreon 開設頁面，甚至進行到了給

每個贊助會員等級寫歡迎辭的最後階段。可是，這期間我接觸到了

NFT，便全面轉向投入 NFT 了。

Q：你的藝術經歷是如何呢？

我從童年開始畫畫，非常喜歡漫畫，對整個藝術都很感興趣。二十歲出頭曾暫時學習過動態圖像（motion graphics），也因為想當搖滾明星而建立過樂團。還曾靠寫作度過了一段時間，然而我領悟到了不可能每件事都做得很好。就這樣到了 2015 年的某個時刻，我才下定決心要當插畫師來生活。

Q：如果要你定義你的 NFT 的話？

它是個以區塊鏈為基礎，證明自己數位資產所有權的東西，也是可以進行所有權交易的東西。

Q：你第一次知道 NFT 的契機是什麼？

2021 年 1 月 1 日，有位叫 bbo_art 的朋友在 Instagram 限時動態上傳了一句話「Mr. Misang 一定會震撼整個加密藝術世界」，並 TAG 了我。我私訊他，問他加密藝術是什麼，他很詳細地解釋 NFT 是什麼。這就是一切的起源。

Q：有什麼事是你之前做不到的，而 NFT 幫你實現了？

我在經歷了作品價值被世人認可後，發覺 NFT 可以讓之前無法嘗試的事變得可能。像是〈Modern Life is Rubbish〉，將這種複雜的系列圖畫轉成動畫可說是「瘋狂」企畫。因為這件事需要大量的時間與勞力，所以如果沒有預想到能獲得一定程度報酬的話，我

是絕對不會去嘗試的。

Q：NFT 有改變你在作品中說故事的方法嗎？

沒有改變我的方法，只是增加了些密度。

Q：你的藝術作品都在表達韓國的重大社會議題，能請你稍微說明一下想表達的訊息嗎？

你看到的〈Modern Life is Rubbish〉就是全部了。其實我反覆說過好幾次了，這系列表達的訊息是科幻題材常見的老梗。我真的很常被問到請說明這系列的意涵是什麼，而這問題讓我備受打擊。但是請不要誤會，提問是好的！只是，真的就只是字面上的意思而已。那些提問讓我覺得很神奇，因為這裡面沒有存在「隱藏的意涵」，你們看到什麼就是什麼，這便是全部了。我曾煩惱過「要怎麼展現」科幻題材老梗，不過那些就是我的作品核心概念了。

總而言之，如果要再補充些回答的話，我計劃下一個系列作品要創作比〈Modern Life is Rubbish〉再小一點的故事，再小一點的意思是指每個作品都會有特定的主題。譬如〈Modern Life is Rubbish〉是 11 張圖連結成的一個故事，下一個系列作品則是近似於共享相同世界觀的選集。儘管依然是以「同個世界裡的故事」做連結，但是可以看作是每個作品分別都很重要的意思。

圖 4-4｜作者 Misang 的〈Odd Dream〉

出處：作者提供

Q：哪位藝術家給你帶來很大的影響？

　　因為〈Modern Life is Rubbish〉系列是我重製 2016 年時的畫作，所以時間點不對，它並沒有受到 NFT 藝術家的影響。不過，我平常尊敬的創作者很多，如果必須選出一位的話，是尚·吉羅（Jean Giraud，筆名為 Moebius）。

Q：你是如何從傳統藝術世界轉換到 NFT 藝術世界？

　　從我確信要創作自己想表達的東西，而它一定會成為金錢的時候開始。剛開始製作 NFT 還不是很辛苦，最難的是理解 NFT 的概念。我原本就是製作圖像、動畫的人，也知道怎麼創作音樂（雖然不是專業的），所以轉換這些並不難。

Q：NFT 如何改變了你的生活？

NFT 之前我的生活也不差，有著不錯的工作，錢也賺了不少。可終究我的生活形態是「等待」企業的委託，我現在不需要等待什麼，便能以自己為主來生產作品。所以，我覺得變得比以前要更加積極地去生活。

Q：最喜歡的 NFT 作品是什麼？原因是？

很難指明是哪一個，因為好的作品一直大量地出現。最近我覺得 John Orion Young（JOY）[1] 塑造虛擬世界的方式很有趣。

Q：你收藏了哪些 NFT？原因是？

我目前擁有的 NFT 包括李允星、subclass、08am、Joyjo、Jon Beinart、Jan Hakon Erichsen，原因是因為太美麗了。Jan Hakon Erichsen 的作品是在 NFT 世界裡都很少見的行為藝術作品，所以很有趣。

Q：你怎麼看待 NFT 藝術領域正在全世界發酵一事？

其實我不太清楚，只是很期待 NFT 如何成長與變化成遊戲或是變成元宇宙裡的裝備。

Q：你覺得 NFT 藝術在韓國發展得如何？

我覺得從好幾個月前開始就沸騰了，其實我覺得現在還很火

熱，應該馬上就會爆發式成長的。可能不僅韓國，全亞洲會迎來第
二波浪潮也不一定。

Q：你是怎麼為 NFT 作品定價？

　　第一個賣出的〈#01. Odd Dream〉，在競拍當時，我以曾經進
行過同等品質的外包價格設定為競拍最低價。這麼做的原因是我當
時想著，如果出現了比這個高的金額的話，我就算不再接案也能完
全投入作品生產。

Q：你現在有在追隨怎樣的 NFT 藝術潮流嗎？

　　沒有在追隨，不是，可能說是我根本追不上才更正確。如前
所述，我正在將過去製作的圖畫系列動畫化中，在這樣的作業下是
不可能追隨現下的潮流。

Q：你想給製作 NFT 之前的你怎樣的建議？

　　「你做的很好，保持下去。」

Q：你會想給新人 NFT 藝術家怎樣的建議？

　　把自己的世界做出來給人們看，並讓他們投入其中。不過，
我想說的是，那個世界不一定要很宏偉。

Q：如果讓你選三個單字來形容自己的話？

工作、工作狂、努力工作的人。

Q：如果讓你選三個單字來形容自己的藝術？

色彩、執著、玩笑。

醫學與NFT藝術的結合：河允

河允博士是國際知名脊椎神經外科醫生，現為韓國延世大學神經外科教授，也是韓國、日本、台灣神經外科醫學會共同發行的國際脊椎學術期刊《Neurospine》的總編輯。因 2020 年新冠肺炎大流行，河博士的海外重要演講行程都取消了，然而能在 iPad 上進行藝術創作一事，對那時非常傷心的他來說是一道希望的曙光。曾想跟隨父母腳步成為藝術家的過往熱情又再次燃起，也成了他的轉捩點。

多虧雙親是藝術家，河博士從小開始培養了藝術才能。他的母親是高中美術老師，父親是韓國現代藝術界的大師之一。他的母親為了培養河博士的創意力，在他四歲時讓他拿起蠟筆作畫；在他升上國中與高中時，一直鼓勵他嘗試使用水彩顏料與壓克力顏料作畫。

對他來說走上藝術家之路像是理所當然的事情，但是因為學業競爭與考大學的壓力，當時他很難專注於藝術創作。另外，他也

清楚在韓國以專業藝術家身分生活是非常困難的事，所以他先決定就讀醫學院。他說：「我選擇醫學院是因為那時相信即使我畢業後當了醫生，我也可以往藝術家道路發展。」這也是許多韓國學生們必須在穩定升學之路與孤軍奮戰的藝術家生活間做出選擇的故事。

雖然他踏上了醫療人士的路，但是每當有自由的時間他就會作畫。他在加州大學舊金山分校醫學院擔任客座教授的時間，是他很珍惜的特別回憶。在那裡他磨練了自己的專長：壓克力畫與水彩畫。每當他談到自己的藝術家之旅時，他的聲音總帶有很大的喜悅與自豪，因為在他人生中每每遇到黑暗的時刻時，總是幫他找回快樂的正是藝術。

圖 4-5 ｜河允的〈Beautiful Brain〉

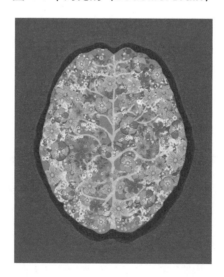

出處：作者提供

在我們和河博士採訪的期間，看到了他身後的牆上掛著一幅很美麗的畫，是一副以熱情的鮮紅色為背景的人類大腦剪影，剪影中有著彷彿要長穿畫布的各種花朵。他說那個作品是在表達人類與大自然的關係，是在櫻花綻放的某日野餐時有了這個靈感。作為神經外科醫生的他，關注的是人類大腦裡一種所謂「大腦圖譜（brain-mAPPing）」的新創作方法之開發。

「大腦圖譜有兩個方法，第一個是上傳地圖到大腦，第二個是反過來將大腦上傳到地圖上。」

圖 4-6 ｜河允〈University of California San Francisco (UCSF) 37.7627°N, 122.4579°W〉

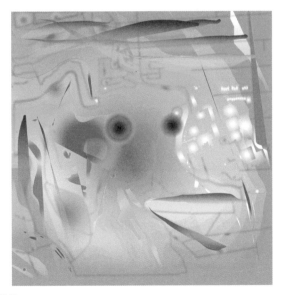

出處：作者提供

他很自豪地解釋。採訪時一直吸引我的這幅畫，採取的便是第一個方法。多彩多姿的顏色饗宴填滿了大腦，對他而言是表達了生活中的各種回憶。而各種顏色花開的顏色是在表現回憶中剎那的「瞬間」，它們聚在一起是在表達對整個回憶的感受與經驗。河博士在敘說這些特別的回憶時，總是滿臉笑容。

大腦圖譜的第二個版本是如他所說的「把大腦放到地圖上」，這方式看起來與他那具有分析、科學性能的左腦有關。

「我先在 Google 地圖上選出對我來說很重要的地點或是歷史地點，而且只在地圖上作畫喔！」

河博士解釋說地圖上的標記是公認的符號，平常人們看地圖時會看到象徵河流、橋樑、公園、學校等各種標記，即便是來自不同文化背景的人們，也會給那些標記賦予同樣的意義，因為這是社會約定成俗的。他說自己無視那些約定成俗的標記，想表達屬於自己的藝術想法。

「我將地圖上各種標記拿來表達我的藝術想法。」他很堅信地說。像他這樣以各種方式分析一個物體的方法，成了我們下一個談話的主題。他對於未來的展望是，NFT 將會成為人類創作與評價藝術的新定義。

河博士的 NFT 旅途為其他人發揮了優秀的引導角色，他盡可能幫助其他傳統藝術家充分理解 NFT 價值與增加興趣。NFT 為他們的作品真偽進行認證，提供新的流通網絡。最重要的是像河博士的情況，NFT 可以成為治癒人心的禮物。他透過 NFT 找到了可以

在世界上述說自己故事的新方法，並且用地圖畫下人類大腦的複雜性，也能與過去的自己見面。他說，即使 NFT 無法治好一個人的大腦，但是它能治癒一顆受傷的心，NFT 重新喚醒他對生活的熱情。

接著是我們與河博士的採訪內容。我們認為透過他的故事能進一步加深你對 NFT 的熱情。

Q：你是怎麼開始學創作的？

大概、好像是在我五歲左右的時候，母親聚集了家裡附近的孩子們並教他們畫畫。從那個時候開始，我一邊和鄰里朋友們玩，一邊畫畫。

Q：你第一次聽到 NFT 是在何時？

2020 年，一位活躍於藝術領域的朋友以對應 FT 的概念向我解釋了 NFT，我聽他說自己的藝術代表作品是 NFT。雖然剛開始是個很陌生的概念，但是我有去閱讀相關文獻，在 YouTube 尋找介紹 NFT 的國內外資料。我知道了它是個在新變革時期裡，能賦予數位藝術作品價值的重要概念。因為藝術創作總能刺激出新穎與變化而讓人津津有味，所以我認為 NFT 在全球人類的同意下，再加上資本的價值，它將會有爆發性的成長。

Q：你認為 NFT 的定義是？

概念上我認為所有的數位資產及實物資產是 NFT。若是定義侷限於藝術領域的話，它可以看作是「數位資產化的藝術品」。

Q：你是如何從傳統藝術世界轉換到 NFT 藝術世界？

因為我很熟練像是油畫、水彩畫、壓克力畫等藝術用具，所以轉而使用數位工具並不難。因為許多製作藝術作品的 APP 裡有提供基本藝術繪畫方法與非常相似的介面，所以只要稍微投入一些時間與努力便能充分掌握數位藝術。當然，像是影片或 3D 等作業還是需要更多的時間與努力，對目前的我來說還是個很大的挑戰領域。尤其最近發展快速又變化急遽的人工智慧、機器人、數位社會主義、遺傳基因資訊、防止新冠肺炎群聚感染等，在這些代表第四次工業革命的一連串社會、文化上的急遽變化中，我認為藝術的表現手法與交易已迎來了轉捩點。

如果說傳統的藝術作品是由肌理賦予畫作獨特質感以及融合立體感的藝術感動的靜態圖像，那麼以 NFT 為代表的數位藝術資產，其魅力在於利用稍微更豐富的數位表現手法與素材來表達與傳統藝術不同的獨特美學，並且能透過網路與全球藝術愛好者直接進行作品交易，就這點來看我覺得它有著非常大的潛力。

Q：NFT 如何改變了你的生活？

現有的傳統藝術流通體系在過去數百年間已定型為創作者－

畫廊－收藏家。NFT 與此不同，創作者可以與喜歡作品的收藏家直接交易、溝通交流。不會有假貨問題，它是個具有信賴機制的系統，這點在製作 NFT 藝術作品與流通上，有著強烈吸引人的魅力。大家從小使用習慣的電腦與數位工具不只是能製作藝術作品，甚至擴張到進行作品交易，它使得藝術運作的整個流程都數位化了。

Q：你現在有在追隨 NFT 世界裡的什麼潮流嗎？

　　我不清楚是否有潮流。

Q：哪位藝術家給你帶來很大的影響？

　　Deadmau5 、DotPigeon 、Coldie、Andrés Reisinger 、Nathaniel Parrott、崔佛・瓊斯 、3LAU 。

Q：醫生與藝術家的生活同時並行，不會累嗎？

　　外科醫生的生活很限制想像力與創意力的發揮，因為治療病人時只允許使用許多研究結果驗證過的治療方法與手術。相較下，無窮想像力與創意力是藝術世界的原動力兼最核心的元素。因此，醫生的生活與藝術家生活是互輔，並帶來加乘作用。

Q：你是怎麼為 NFT 作品定價？

　　在定價上，我並沒有特別的原則。只是，我會按照自己推崇的知名 NFT 創作者為各作品定價的水準來決定。

Q：你會使用哪個 NFT 平台收藏 NFT ？

我主要使用的 NFT 平台是 SuperRare、Nifty Gateway，有時也會使用 OpenSea。

Q：收藏 NFT 時有什麼標準嗎？

主要購買抽象的作品。

Q：你為什麼會購買 NFT ？

我想要在自己的藝術作品中表達我們看不到的世界與概念等抽象的事物，因此我想支持那些用視覺表達出這種感受的創作者與作品。

Q：你覺得 NFT 藝術在韓國發展得如何？

2021 年初開始掀起的 NFT 熱潮使得市場過熱，曾暫時出現過一些嘲諷的聲音。不過，它發展逐漸穩定了，又不斷地有高完成度的作品發表出來，所以看起來是很正向地發展。如果日後元宇宙與 NFT 作品的交易市場能相連的話，預計會發生很大的加乘效應且急速成長。

Q：你覺得之後 NFT 會被當作什麼用途使用？

我覺得可能會成為表現自我的手段、累積資本的手段、換錢的手段。

Q：如果讓你選三個單字來形容自己的話？

數位藝術家、神經科學家、神經外科醫生。

Q：如果讓你選三個單字來形容自己的藝術？

大腦圖譜、形象的認知、時間與空間。

3　專訪系列 2： NFT 收藏者

　　這次我們來見見 NFT 收藏家們，主角是 illestrater、文英勳、Coldie。他們雖然分別進行與 NFT 相關的活動，但是對 NFT 市場的發展都抱有著滿腔熱血與共同目標。我們試圖從他們獨有的經驗、產業知識、觀點等之中，尋找許多人好奇的「NFT 的價值究竟是什麼？」的答案。

　　· **illestrater**：本名為 Tim Kang，因 2020 年 12 月以 77 萬 7,777 美元（折合台幣約 2,170 萬元）購買 Beeple 的〈The Complete MF Collection〉NFT 作品，而一度成為熱門話題的收藏家。那是一部囊括 Beeple 部分已售出 NFT 作品的短片。 另外，illestrater 在關注與收藏新人藝術家的作品方面特別出名，他還在採訪中談到自己收集 NFT 的原因，以及為了最近出現的 NFT 藝術家與收藏家而制定的企畫。

　　· **文英勳**：韓國最具代表的 NFT 收藏家兼 Nonce 社群網站的共同創辦人。Nonce 是韓國最大的加密社群網站之一，他們在首爾經營共同生活空間的同時，也幫助人們更準確地理解區塊鏈技術與加密貨幣。他與我們討論了自己在收集 NFT 作品時屬於自己的價值評鑑標準與理論。

・**Coldie**：對全球 NFT 藝術運動帶來巨大影響的成員之一。因自身獨特風格與稀缺性作品而成名的元老級 NFT 藝術家，也是擁有 700 個以上 NFT 個人收藏品的收藏家。他談到自己以經年累積的觀察能力為基底，整理出一套自己對 NFT 的價值評鑑標準與方法論。

挖掘新人藝術家的收藏者：illestrater

「當你看到了一件藝術作品時，如果很享受那作品的藝術氣息與訊息，並且有了想將它放在家展示的心，這就是那作品提供的根本價值，這也是我在購買作品時認為最重要的部分。」

這句話來自以筆名「illestrater」而知名的 Tim Kang。現在的 NFT 世界裡出現了很多新崛起的 NFT 收藏家，他們有的是因為個人喜好、投資因素，或為了自己的社會地位而收藏 NFT。但是 NFT 對 illestrater 來說有著不太一樣的意義，他將收藏 NFT 的整個行為變成一種藝術型態。他為了在新興的 NFT 藝術世界裡突顯自己的哲學，將自己名字的第一個字寫成小寫「i」而非大寫「I」，他這是想要表達這個新世界不是屬於個人的，而是所有數位藝術家們的社群。

illestrater 認為 NFT 可以解決數位作品的真偽、稀缺性、所有權的問題，他還提到除了藝術市場以外，有滿多可以運用 NFT 的地方。換個角度看，或許稱呼他為創新家會比單純地稱呼他為

NFT 收藏家更準確。他甚至創設了首家資助 NFT 藝術家的組織 Sevens Foundation 以及具有 NFT 市場、競拍兼社群網絡功能的平台 Universe.xyz。他並不將自己的收藏家角色侷限於單純收藏作品，他還提供能幫助新人 NFT 藝術家成功的數位工具。

2020 年 12 月 12 日，illestrater 做了一件值得留名於 NFT 歷史的事情，他以美金 77 萬 7,777 元購買 Beeple 的〈The Complete MF Collection〉NFT 作品，並且與另一位知名的 NFT 收藏家 Metakovan 的競標價格差了 2 倍。illestrater 強調那個作品有著歷史的重要性：「我對這幅作品非常愛不釋手，我覺得它象徵著 NFT 技術開始被廣泛運用的出發點。」歷史會記住他那永遠留存於區塊鏈上的成功投標結果，而且他希望這類「故事」能在振興 NFT 世界時成為重要的角色。

illestrater 說自己很享受於找尋作品中隱藏的真正價值，所以他會特別收藏想要突破 NFT 技術限制的藝術家作品。他是屬於不會再將持有的 NFT 作品拿去販賣的類型，他認為自己的角色是 NFT 世界的潮流引領者（tastemaker，製造流行並擴散開來的人）。如果你看到 illestrater 在 SuperRare 上傳的收藏品的話，便會了解他主要收藏以科幻、未來主義、極簡主義為主題的作品。

雖然他大量收藏了像是 Pak、Fvckrender 、Kidmograph 等國際知名 NFT 藝術家的作品，但是他真正感興趣的是去挖掘那些剛踏入 NFT 世界的新人藝術家們。他表示自己會去瞭解藝術家們的背景與所屬的 NFT 社群，並且觀察他們在社群裡如何表現自己、如

何更獨創性地使用 NFT 技術，因為他相信藝術作品的價值不僅限於作品整體，還與作者的獨特故事緊密相連。

　　「創作者的敘事能力對於人們收藏與購買 NFT 作品上來說是非常重要的，因為藝術家表達自我的方式會影響之後作品的價值。」

　　由此可見，illestrater 不僅是 NFT 藝術收藏家，他還積極扮演著幫助所有數位藝術家在 NFT 藝術空間裡獲得成功的角色。接著是我們與他的採訪內容，希望讀者能試著利用他的觀察能力與經驗談建立屬於自己的 NFT 收藏模式。另外，可以在 Nifty Gateway 與 SuperRare 觀看他的收藏品，希望讀者能試著感受他收集 NFT 作品的精髓。

Nifty　　　　SuperRare

Q：你是如何開始收藏 NFT ？

　　我從很久以前開始就在投資加密貨幣了，我一直覺得加密貨幣不會只是金錢的概念，它將會廣泛運用在更多的領域上。除了我們一般認知的數位所有權、正當性、分權化等功能外，區塊鏈技術其實還能提供更多的功能。

　　其實，我踏入 NFT 市場平台 SuperRare 也沒有很久，大約在

2020 年 10 月到 11 月的時候。但是我一接觸到 SuperRare 的那刻就陷入了那個世界之中，開始花許多時間研究 NFT。只要有符合我的審美且看了非常喜歡的作品，我便會買下那個作品。現在想來，那時像是在確認 NFT 是否適合我的試驗期。某位藝術家持有的數位作品成為我的收藏品，能直接擁有他人數位資產的事情真的是很奇妙的感覺。雖然擁有數位資產的感覺很陌生，但是這整個行為真的很酷。

當時我一收藏 NFT 作品，馬上就有不少人來關注我的推特，剛開始我很慌亂。「究竟是怎麼回事？」但是我很快就意識到了，「哇！這是個可以與藝術家直接建立關係與開始對話的方法啊！」

Q：你認為 NFT 作品的價值來自何處？

我曾問過自己 NFT 為什麼特別。因為 NFT 有著無法偽造、無法複製的優勢，而且它還可以認證與確認發行者是誰，我認為這點非常重要。我舉一個例子，如果 LV 在販售新產品包包時會一併發行數位證書，那麼任何人都能確認那個包包是真貨；如果你也能證明自己是那個包包的新主人，那麼就能廢止像現在為了確認名牌包真偽而必須鑑定實際產品的繁瑣程序。像是實物藝術品的情況，尤其是仿造品很多，大多時候很難分辨哪個是真跡。但是，如果能在區塊鏈上擁有實物作品的數位證書的話，就能馬上證明作品是正跡。

Q：收藏 NFT 與收藏實物藝術品有何不同？

　　NFT 作品在全球任何一個地方都能輕易透過網路接觸到，因為它的核心技術全部對外公開，所以全世界所有人都能參與 NFT 市場。這是個非常令人津津樂道的部分。然而，傳統藝術市場有很多受限的部分，又具有排外性，要參與市場相當困難。

Q：你有收藏除了繪畫以外的其他 NFT 嗎？

　　我擁有一個加密龐克作品，它是鑄造編號（mint number）很小的早期龐克頭像圖像，是非常酷的作品。那時運氣很好，得到加密龐克的抽籤機會，我抽中了第 109 號的龐克頭像。Larva Labs 公司新企畫 Meebits 的作品也收集了幾件。Meebits 是 3D 模型的藝術品，我買下的這個作品它可以實際運用在電玩或 VR、AR 中。NFT 能有如此廣泛的用途，難道不是它的最大魅力嗎？

Q：同一個作品，編號小的 NFT 價值卻比編號大的 NFT 更被看重的原因是什麼？

　　根據人們對數位資產如何評價而有所不同。有一個方法是試著問自己這個問題：「如果有個發行 100 份的作品，無論我收集的 NFT 是第幾號，我是否能始終如一地珍惜它？」比起編號大的作品，我覺得大部分的收藏家確實認為編號為 01 的作品更有價值。這與集換式卡牌（trading card）等類似的實物收藏品一樣，假設你擁有某種印刷品的第一版，那它的價值不是會被評得更高嗎？所以

說介於中間的編號沒有太大的差異。

　　總而言之，仔細思考這些編號數字有什麼意義也是很有趣的事。例如，我擁有的加密龐克第 109 號，技術上來看它意味著儲存於區塊鏈的第 109 號龐克頭像。這樣透過編號推估自己現在持有的 NFT 在歷史上哪些時機、發揮怎樣的角色作用，也是件趣味十足的事。

Q：你在購買 NFT 時，有考量的標準嗎？

　　有許多考量的因素。我在評價作品的價值時會以長期的角度評估，這也與我投資加密貨幣時運用的策略相似。我經常會思考與評估這作品從現在開始往後的 5 年到 10 年後，它會獲得怎樣的評價。當然，也會因為想要支持某位藝術家或單純地很喜歡那個藝術品而買它。我在判定 NFT 作品的價值時，會比較那個作品與其他相似作品的價值（這類似於金融圈一般使用的本益比方法），就是比較已標價的其他藝術家之作品風格及經歷，並推算那個作品的價格。作品的歷史性價值是決定價格的重要因素。

　　像是加密龐克、Meebits 等收藏品的情況，還有其他決定它們價格的因素，正是稀缺性與特殊性。「這收藏品是唯一一件嗎？」「它是否有其他收藏品都沒有的特別之處？」這些問題是討論作品根本價值的核心問題。此外，如果它還包含以往沒人嘗試過的新方法的話，那當然也是可以提高作品價值的原因。正因如此，專屬於作品的獨特故事對我來說很特別。

Q：關於 NFT 收藏，你有什麼想對過去的自己說嗎？

我想對自己說再更深入地研究 NFT 歷史，學習所有 NFT 的起源，因為歷史真的很重要。現存的某些事物之價值是在經過一段時間累積而形成的。人們重視有歷史意義的事物，並且有著想透過擁有那些東西而成為歷史一部分的傾向，一部分的加密龐克作品價格漲到天文數字也是出自這個原因。加密龐克是存於以太坊區塊鏈上的首批 NFT 作品之一，我認為這件事對收藏家們來說是評鑑價值的重要因素。

Q：有哪些因素可以幫助 NFT 藝術家成功？

當你要購買 NFT 而調查藝術家的背景時，必須確認他是否有想不斷努力進步、是否想提供更大的價值，因為藝術家的誠信與他想表達什麼是很重要的事。簡言之，它可以說是決定作品未來價值的重要因素。假如有一位藝術家總是很悲觀，會在社群裡製造問題，說其他人負面的話。這些行為會在社群內影響他自己的名聲，當然也會影響他自己作品的價值。我認為作品展現的終究是創作者自己的面貌。

Q：在收藏 NFT 時，風險最大的因素是什麼呢？

想要利用 NFT 在短時間內賺大錢的想法，這種投機想法只是在賭博而已。在購買 NFT 作品時，應該要挑選自己真正很喜歡的作品，因為最終自己從作品中獲得的最大價值是情感價值。所以，

我認為收藏家在真心向其他人展示自己擁有的作品時，NFT 市場才能以端正的姿態發展下去。

Q：藝術品蘊藏的根本價值對你來說有什麼意義？

我在收藏 NFT 時，不會想著要再買出去。因為作品中有著某些觸動我心的特別東西，所以我絕對不會放棄作品。如果你從某個作品上感受到美，並享受作品帶來的訊息，也想將它掛在家中展示的話，我認為那樣的心情正是藝術作品蘊藏的價值。這些都是我在購買藝術品時會考慮的事項，我一直都在收藏能觸動我心的作品。

Q：你作為 NFT 收藏家，對於現在各式各樣的 NFT 相關平台（市場）是怎麼看的？

在 NFT 世界裡，平台的角色非常重要，因為隨著他們以怎樣的方式展示與販售 NFT 作品，會影響將要交易的作品價格。我有可能過於誇大了其重要性也不一定，但是每個人都會有某種程度的偏愛，不是嗎？例如 SuperRare 的情況是，他們會以策展的方式挑選藝術家與作品，這對平台來說應該會有點壓力，然而這似乎也為那個地方交易的作品提高不少價值，當然這可能只是我個人的感受而已。

Q：如果我們想要建立專屬自己的 NFT 收藏品的話，該從哪個部分開始呢？

根據自己每次購買 NFT 作品時花了多少錢，而會有非常不同的結果。但是，首先要觀察新開的 NFT 平台上傳的作品，那能幫助你抓到機會。

Q：你是如何維持與管理 NFT 作品的安全呢？

除了 Nifty Gateway 裡的那些 NFT 以外，其餘所有的收藏品只能透過我的冷錢包（cold wallet）*才能看到。冷錢包是在我想要將 NFT 傳送到其他帳號時使用 USB 的方式，所以我能徹底地管理 NFT 作品的安全。

Q：你怎麼看待 NFT 的未來？

我認為 NFT 會更加自由地被廣泛運用。我不是指藝術品會變成免費，而是 NFT 會不再只具有數位藝術品的意義，真的有很多可以運用 NFT 的領域。我以《要塞英雄》或《英雄聯盟》這類線上遊戲來舉個例子，以後遊戲裡的造型不用儲存於遊戲公司的資料庫，並且玩家可以用 NFT 設計造型，它會成為玩家直接持有的型態。此外，玩家還可以在其他遊戲或各種網頁網站上以使用或販售的方式交換造型，它可以擴大數位資產的用途。儘管現在 NFT 的使用範圍還不廣泛，但是日後在使用者們的努力下，它一定可以

---

* 譯註：沒有連結到網路的加密貨幣錢包，要交易時必需插入實體裝置如 USB 才可以使用，通常也會設置軟體方便查看錢包內的資產狀況，可大大降低被駭客竊取的可能性。

用於獲得 NFT、免費分享東西或像演唱會這類特定活動的門票上。

　　像這樣，當未來我們在談論 NFT 時會把重點放在它的效能價值。當然，之後的幾個月裡還不會出現這樣的巨大變化。但是，我認為大概在 1 到 3 年後，就可以看到 NFT 被廣泛運用在各種領域內的情景。

Q：你現在有在進行中的 NFT 企畫嗎？

　　我是學電腦工程的，我總是想製作出人們可以使用的工具。最近我發覺自己可以對 NFT 的未來做出很大的貢獻，那就是我想要在 NFT 世界裡幫助其他人，並且更加具體地策劃基礎建設。與此相關的現正進行中的企畫有兩項，最具有熱情的就是 Sevens Foundation，它是個 NFT 資助組織，挑選沒有資金可將自己首個作品代幣化的藝術家或組織，並幫助他們。這些人在 NFT 藝術領域裡非常欠缺可以被選上展覽的機會，所以我們想建立一個可以幫助他們參與展覽的平台。雖然這平台現在稍微發展成較大的規模了，但是我們在 NFT 藝術領域拋出慈善價值的意義，為藝術家提供展覽機會的精神至今未變。

　　現在進行的第二個企畫是 Universe，是我與他人共同創立的，目前還在思考其願景與日後發展方向。Universe 是以分權化的 NFT 競拍方式，將各種社會因素相連起來，是比現存競拍平台要更先進的型態。這平台以排名的方式顯示競標情況，因為得標者不限定為一位，所以可能會出現好幾名得標者。換個角度來看，它可以說像

是 NFT 界的 Reddit 平台＊，因為 NFT 的許多資訊與歷史散落在網路各處，所以要找到正確的內容且正確地理解並不容易。因此，我們為了收藏家、策展人、藝術家們建立了像是 Reddit 或維基百科一樣的平台，他們帶著自己的介紹，在社群網站平台上相互寫下 NFT 藝術家與收藏家的歷史，並分享這一切。因為我覺得讓 NFT 真正的大眾化，讓更多人理解像是加密龐克、3LAU 等歷史上重要的 NFT 企畫是很重要的事。

韓國最大加密社群網站創辦人：文英勳

　　Nonce 社群網站的共同創辦人文英勳，他是正在實踐完全加密貨幣生活的狂熱者。位於首爾的 Nonce 是為了區塊鏈、加密貨幣的愛好者而設的共居及共享辦公空間，歡迎著有數位錢包且想活在分權化未來的所有人進駐。文英勳從 2017 年開始在韓國社群網站上努力讓更多人知道比特幣與區塊鏈技術，他說自己建構出了屬於自己的「浩瀚理論」（Mega Thesis），即自己夢想的「分權化未來五大階段」。每個階段都是從流通貨幣（monetary）、法律及司法管轄（legal & jurisdictional）、金融（financial）、社會經濟（socio-economic）、領土（territorial）觀點預測未來的結論。

　　他提到的分權化未來五大階段如下：

＊　譯註：類似於台灣 PTT 的美國社群論壇網站。

① 研發出不受國家影響的數位商業交易貨幣

② 可代替現行法律體系的智慧型合約系統

③ 分權型銀行系統，而非各國政府主導的金融系統

④ 分權化的自治組織，而非企業股東模式

⑤ 超越國界，轉換成按照價值與理念自主形成集體的元宇宙

文英勳說 NFT 特別在領土方面有著很深的關係。因為現在的國家是依照實體劃分國境，而實體上的鄰近性（physical proximity）是定義社群的核心標準，所以 NFT 處於數位中心的元宇宙世界裡，日後會如何改變社群定義的標準是一件很有趣的事。實際上，最近有許多人開始從這角度討論「文化的」界線，而且他認為 NFT 的技術可以將分享特定文化的群體組成一種經濟共同體。它會是一個能依文化界線區分社群的元宇宙主要技術。

那麼，他認為 NFT 的價值是什麼？購買 NFT 實質上能獲得什麼？現在這些問題在網路上的許多論壇、社群網站、社會群體間展開了熱烈的討論，而文英勳提供了簡短又具有深度意義的答案：「換個角度來看，購買 NFT 可能只是買一串存於區塊鏈的編碼也不一定。」他補充解釋，這是完全與我們生存無關的事。就像是人們雖然會為了看起來更漂亮而使用化妝品，但是這行為並不是為了人類生存。那麼，為什麼人們會花數百萬美金購買不過是個區塊鏈編碼的 NFT 呢？

文英勳購買 NFT 的理由是非常文化又抽象的，他收藏的大部

分 NFT 作品與他想記住的瞬間及情感相連。例如文
英勳在 Nifty Gateway 平台上購買了芭黎絲‧希爾頓
（Paris Hilton）的 NFT 作品。這作品解說它是以夢
幻般的粉光夕陽為基調，蜂鳥在其中拍動著翅膀。

Hilton NFT

「祖母曾在離世前說過，她會變成蜂鳥回來，會經常陪伴在我身邊。
現在我有時會欣賞著總是跟著我、想吸引我關注而停留在窗戶上的
蜂鳥們。」文英勳說自己也不知怎麼了，一看到這個作品就想起了
祖母。他表示像這樣讓人聯想起與重要的人相處的時光，而且雖然
並不認識創作者卻能與其共享特別的情感，NFT 真是特別的東西。

　　文英勳相信透過 NFT 收藏有助於資助數位藝術家的未來發展
以及建設社群。Foundation 平台上可以看到他龐大的 NFT 收藏品，
這也表露出他對 NFT 的信任。他覺得比起收藏家，現在大部分的
NFT 市場平台重點更放在提供藝術家滿意的使用經驗，這也是令
他感到可惜的部分之一。他表示，如果他們找到可同時提供社群網
站與買賣作品的平台功能，且能更加促進創作者與收藏家間的資訊
與情感交流的話，那一定會有更多人接受 NFT。

　　以下是我們採訪文英勳的主要內容。希望讀
者們能盡情享受這位代表韓國的 NFT 收藏家他對
於 NFT 的看法與觀察。文英勳的 NFT 收藏品可在
Foundation 平台上欣賞。

Foundation

Q：「購買 NFT」的意義是？

　　眾所皆知，NFT 藝術品在現實生活中不具效用。因此，我覺得「購買 NFT」可以說是更近似於達到柏拉圖的理想主義。我剛開始買 NFT 作品時的心情到現在還未熄滅，那是芭黎絲·希爾頓的 NFT 作品，買下那個作品時我感受到與那位名人進行了情感交流，即便我只是買下了數位代幣而已。NFT 在互不認識的人們之間建立起交流特別情感的紐帶，我認為這點真的很有趣。

Q：收藏 NFT 和在傳統藝術市場收藏藝術品有何差異？

　　NFT 藝術市場與傳統藝術市場從根本上就不同。在傳統藝術市場裡，收藏家能與藝術家進行的交談是很表面的，大部分的情況是說不到幾句就結束了，一旦交談結束，你與藝術家的面談就完全結束了。然而，我購買 NFT 時，感覺我和藝術家建立的關係至少加深、加厚了 10 倍。我大部分的經驗是當我一購買 NFT，馬上就會收到藝術家來自社群網站上的感謝訊息，我經常以此為出發點，不斷地與他們維持對話的關係。

Q：你在收藏 NFT 時會問自己什麼問題？

　　第一個，最重要的是我對那個作品有什麼看法與感受。客觀地詢問自己喜歡那個作品哪些地方、不喜歡哪些地方，這問題真的很重要。

　　第二個，那個作品是否很好地表達出現下這時代的精神及面

貌。我們現在正活在非常有趣的時代，正快速地轉入人工智慧時代，有很多人為了宇宙探險而努力著。如伊隆・馬斯克所說的，「夢想著讓人類成為多行星生命。」另外，因為基因剪刀（CRISPR）等醫療技術的進步，成就了我們可以矯正自身 DNA 的時代。這一切該有多了不起呢？所以，這個問題特別重要。

　　第三個，那個作品是否能在短時間內廣為人知並獲得許多關注。因為 NFT 本來就是數位胎生的作品，所以每個人能在同等條件下、非排他性地欣賞作品；想要的話，還可以複製與儲存無限個作品。我是說在鑑賞作品方面，它完全是民主的。那麼 NFT 的價值究竟是來自何處呢？答案大概可以從「注意力經濟」（attention economy）中找到。觀察一下我們周遭的話，就會發現很多東西越是受到矚目，越被賦予更高的價值，這「病毒式行銷潛力」正是我在 NFT 尋找的。

　　最後，創作者是否對自己的作品有信心。假設作品是與人工智慧有關的話，創作者是否長期不懈地創作相關主題的作品。這是一個可以確認創作者不是追隨市場上的高人氣潮流，而是真心有在關注這個主題的方法。

Q：你在收藏 NFT 時，最喜歡使用哪一個平台？

　　我最喜歡 Foundation 平台，因為使用者介面比其他平台更優秀，而且 Foundation 販售的作品品質也很高。我認為 Foundation 比 SuperRare 或 Nifty Gateway 更好。雖然 Nifty Gateway 也有很多好的

作品，但是大部分是知名人士的作品，所以很難與創作者進行有意
義的對話。相較之下，Foundation 的優點則是能輕鬆與創作者交談
與建立關係。

Q：每個 NFT 平台在收藏 NFT 上有什麼差異？

　　首先，平台的政策面上都有不同，最大的差別在於平台是無
需許可型，還是半遴選或完全遴選的策展型。例如，OpenSea 平台
雖然有許多作品，但是卻不適合尋找近似於純藝術的作品。如果我
要找接近純藝術的作品的話，我會去 SuperRare 或 Foundation 確認。
如果你想要買加密龐克的話（僅供參考，我有 3 個龐克頭像），
OpenSea 可能是最適合的平台，而且這平台還有 Meebits。大略來
看，特色強烈的作品適合在 OpenSea 這類開放型平台尋找，而純藝
術特性的 NFT 作品則是使用 Foundation 或 SuperRare 會更好。按照
自己的需求挑選平台使用不是更好嗎？

Q：NFT 藝術與 NFT 收藏品的差異是？

　　嗯……有差異嗎？雖然加密龐克主要被稱為收藏品，但對我
來說它是一種藝術品。我以馬塞爾‧杜象（Marcel Duchamp）*的故
事為例，他最有名的事蹟是將男性小便斗翻過來並在上署名簽字，
再附上題目「噴泉」（Fountain）使其作品化。我認為加密龐克是

---

*　譯註：美籍法裔藝術家，二十世紀實驗藝術的先驅，達達主義及超現實主義的
　　代表人物之一。

繼承了這個作品的精神，翻轉了創作者與收藏家的位置關係。一般一個藝術品為了具有高價值，必須先獲得特定群體的認可才行，而杜象完全推翻了這樣的權威與藝術關係。藝術不是本質上就具有價值，而是觀眾賦予價值的。因為每個人會按照自己的判斷去定價，所以即便是同一個作品，每個人都會做出不同的判斷。另外，杜象讓我們知道了，藝術品在「美」這個定義上並沒有絕對的美，而是有些人從作品中找到了它的美，也有些人沒找到。加密龐克釋放出了與杜象相似的訊息，我覺得它已不再是單純的 NFT 收藏品，它可以看作是新的一種藝術型態。所以回到這個問題上，NFT 藝術與 NFT 收藏品的界線很模糊，這是我的想法。

Q：在收藏 NFT 時，風險最大的因素是什麼呢？

價格下跌應該是最大的風險。我個人想對剛開始收藏 NFT 的人說，不要買像是藝人等那些知名人士的作品。藝人本來就非常地有名，他們是受到許多人尊重與熱愛的人。藝人的社會地位或人氣與 NFT 有什麼關係呢？儘管知名藝人的 NFT 作品（比一般創作者的 NFT 作品）大多能輕易吸引大眾關注或以高價賣出，但是多有價格下跌很快的傾向。因為那些作品僅是大眾暫時性的關注，又或是過度關注與期待過高而造成評價誇大。可是，NFT 必須是一個能給你帶來力量的存在。收藏作品的過程不應該被販賣者的魅力或影響力左右，而是需要好好思考這個 NFT 作品是否能讓你發揮自己的力量，或是你能從中獲得更大的力量。

Q：從收藏家的角度來看，你覺得 NFT 的未來會是怎樣？

　　我覺得 NFT 的未來很大程度上會取決於號稱「社交代幣」（social token）的「社區代幣」（community token）與 DAO。我最近收到很多來自藝術家們有關 NFT 販售的提問。我認為在宣傳 NFT 作品時，相互合作非常重要，所以我們可能會漸漸看到更多種類的 NFT 共同投資，像是 Flamingo DAO* 等 DAO 組織的成員們共同出資在社群網站上收藏 NFT。這種社群的成員們會共同參與決策再收藏作品，相當於是一種建立收藏家與創作者合夥關係的型態。我們往後會漸漸看到更多共同投資與合作的。

　　我認為 NFT 市場往後會持續成長，因為 NFT 是新興領域，有潛力又尚未被發掘的藝術家們會不斷地出現。我相信只要你充分地研究 NFT 的話，一定能找到感動你靈魂的藝術家。我屬於一旦交易過一次便會繼續與那些藝術家們交易的類型，我覺得與他們建立深厚的關係是件意義深遠的事。這樣的購買風格可以幫助我在 NFT 收藏家與投資者角色間達到適當的平衡。通常我會抱持著 1 到 3 年內將 NFT 作品再賣掉的想法來買作品，我現在自己擁有的幾個作品有望漲 5 到 10 倍的價格。

---

* 譯註：專門投資 NFT 市場的組織，會員資格僅限於美國認可的投資者。

擁有700個以上NFT的收藏者：Coldie

Coldie 站在加密藝術的創作與收藏的交匯線上，因為他不僅是資歷最久的加密藝術家之一，還是名熱血的 NFT 收藏家。然而，我們在網路上搜尋有關他的採訪時，大多都是以藝術家的身分回答的內容，但是我們想要瞭解他的收藏家身分。Coldie 的收藏品包含著他對 NFT 與藝術的愛，也提供了寶貴的機會讓我們一探究竟這位影響 NFT 世界深遠的人之思考方式。

我們和 Coldie 的採訪核心可以整理成下面這句話：

「不完美才是完美。」

雖然他是完美主義者，但是他覺得最大的樂趣是在生活中尋找不完美的部分，所以他被具象化的藝術作品吸引住了。他的 NFT 收藏品看起來像是沒有特定的主題或模式，可是仔細觀察的話，便能從中感受到他卓越的能力。他所收藏的不只市場上最熱門的作品或可輕易賺到錢的作品，還以保存 NFT 歷史為目的進行收藏。以新興藝術類型之姿登場的加密藝術，從它胎動開始時便伴隨它走來的 Coldie，其收藏品是活生生的加密藝術歷史紀錄。

Coldie 認為自己成為草創期加密藝術家之一是一件非常幸運的事。他總是很謙虛地談起自己的經驗，雖然他覺得站在 NFT 早期採用者位置可能享受到很多的好處，但是他更有感於自己在建立 NFT 藝術家社群網絡與資助藝術家方面的意義重大。

圖 4-7 ｜ Coldie 的〈Trust Your Intuition #133〉

出處：作者提供

「我都自稱為雪巴人（尼泊爾東部聖母峰山腳下的西藏一分支種族，因在喜瑪拉雅山一帶擔任揹工與嚮導而聞名）。我的角色就是帶領人們到山頂，我已經知道怎麼走，可以幫助其他人稍微輕鬆一點地攻頂。在 NFT 世界裡幫助更多人盡可能地成功，我認為這是我力所能及之事。」

當他提到加密藝術草創期的故事時，我們從他的聲音中感受到了許多複雜的情感。

「好幾年前，我的作品還只賣 100 美金，因為那時沒有人在意我的藝術創作。但是踏入 NFT 的這個過程，我可以與全球各國的加密藝術家建立珍貴的情誼，像是 Matt Kane、Robbie Barret、

XCOPY、Hacaktao 等藝術家們。我們是一群渴望有一個出口可以共享彼此想法而從全世界聚集一處的人們。」

Coldie 很重視加密藝術幫他與許多人連結起來的關係，這對他以收藏家身分評價作品時帶來很大的影響。Coldie 將 NFT 收藏比喻成了加州淘金熱潮。

「如同字面的意思一樣，人們為了尋找黃金而花好幾個小時在泥沙中翻來覆去地尋找著。直到我找到感覺是黃金的作品為止，我會不停地瀏覽。」

黃金對他來說意味著自己熱愛的某種東西。他與我們採訪的所有收藏家一模一樣，他認為優先收藏自己最喜歡的作品才是最重要的。不過，他也很尊重 NFT 世界的原理，有時帶著投資者的心態，有時以收藏家的心態工作。Coldie 以投資者的身分表示購買藝術品是對藝術家的未來進行投資，所以他尋找會積極運用科技開發新領域的藝術家們。Coldie 的收藏家身分則是與藝術家一起跳舞，他越是與藝術家一起宣傳作品，越能讓收藏家感受到作品的魅力。

「累積對 NFT 作品的理解，瞭解自己想要怎樣的作品，這些都是收藏家自己的責任。對了，還有一些認為投資 NFT 已經晚了的人，其實並不晚，請別擔心，因為這個市場目前還太青澀了。」

Coldie 相信自己身為藝術家與收藏家的成功有很大一部分來自於直覺，所以要相信自己、投資自己，因為只要有正確的思考方式、價值觀、意圖的話，任何人都能在 NFT 世界成功。他建議收藏家在調查藝術家的資歷時先問自己：「即使藝術家的作品價格為

『零』，你還會願意將那作品掛在牆上展示嗎？」另一方面，他強調藝術家要有耐性，並主張藝術家必須知道自己的價值。

　　「我製作的 NFT 作品在我持有了 2 年後，最後以 50 倍的價格賣掉了。因為那段期間內我投資了自己，因為我很清楚自己的價值，所以才有可能實現這樣的事情。當時我跟收藏家們說我的作品價值 5 個以太幣而非 1 個以太幣時，沒有一個人能理解我。因為我投資了自己，所以將自己的價值提高到 5 個以太幣。」

　　Coldie 說希望其他藝術家們也能將這重要的事銘記在心。

　　接下來是我們與 Coldie 採訪的主要內容，有關 Coldie 的創作與收藏可以在 SuperRare 找到更詳細的資訊。如果對他的全部收藏品感到好奇的話，請至「showtime」網站上他的個人頁面查詢。在 NFT 與加密藝術裡還有很多未被挖掘的寶石，讀者可以試著像 Coldie 一樣不斷地瀏覽，享受尋找專屬自己的寶石過程。

SuperRare

showtime

Q：你是如何轉換到 NFT 藝術領域？

　　我一直在製作藝術作品，這也是我唯一想做的事情。可是，以前我不確定藝術創作是否能給我帶來金錢收入。雖然我沒有自信只以畫家一個職業來賣作品賺錢，但是努力工作後，漸漸有購買我

作品的收藏家，我也累積不少經驗了。那時我覺得既然我已踏入加密貨幣的世界，就應該要充滿熱誠地去挑戰 NFT，因為如果我沒有把人生傾注在這裡的話，我可能會一輩子活在悔恨當中。

Q：你平時很常談論有關音樂的話題，音樂在你創作的過程中帶有怎樣的影響？

我是聽著搖滾樂長大的，我特別愛 1990 年代的油漬搖滾（Grunge，另類搖滾中的一種音樂風格）。這類主要的歌手是超脫樂團（Nirvana）、珍珠果醬樂團（Pearl Jam）、聲音花園樂團（Soundgarden），我喜歡聽他們的歌，也會聽古典搖滾。我父母學生時期會聽的平克・佛洛伊德（Pink Floyd）或齊柏林飛船（Led Zeppelin）等樂團的歌我也喜歡。不過，我不聽主打歌，尤其我會在這些藝術家的歌曲中找一小「片段（cut）」來聽，試想哪些部分有問題，周密地分析他們的試錯過程，思考藝術家們散發出怎樣的點子、如何賦予作品生命。如果你試著與藝術家共情、跟隨他們的思考步伐的話，就能更加了解他們。當你經歷這些過程後再拿出自己創作的最後作品時，你方能完全理解一個好的創意是如何創造成作品的。

雖然我是所有東西都想盡善盡美的完美主義者，但是在創作過程中，我經常遇到必須對自己說「這樣就可以了，現在做下一個吧！」然後開始下一個部分的情況。實際上，我可以貢獻整個生活去做一首歌，也可以做數百首歌；當你製作數百首歌後，便能領悟

到自己在做什麼、自己是怎樣的存在。

Q：你是怎麼挑選要鑄造成 NFT 的藝術品？

　　創作者是一輩子要創作東西的人，而且創作者的所有作品都會影響下一個作品。我代幣化的作品有 120 個左右，如果這些作品按照製作日期排列的話，所有的作品對下一個作品有怎樣的影響是一目瞭然，這就是隨時間流逝欣賞作品的力量。我在製作第 1 個作品時，知道自己還有很多地方需要改善。所以當我完成第 100 個作品時，我便知道這個作品一定會比之前的還更好，因為前面 99 個作品都是一個比一個要做得更好。

　　我因為無法完全瞭解自己想要創作什麼，所以我會持續創作作品，我想看到自己不斷成長的模樣。我在做新的作品時，不曾對新作品感到完全滿意過。不過，因為我知道自己不斷透過創作作品使自己進步，所以我很滿足做新作品的過程。我也清楚自己的藝術家旅程還有一大段路要走，這也是我最大的動力來源，因為我相信自己人生最棒的作品還未誕生。

Q：你大部分的作品是以 3D 立體（stereoscopics）展現的，為何採用這種方式創作藝術作品呢？

　　這個提問應該可以用一個故事回答就行，那是一個關於我創作某個作品的故事。我剛開始藝術創作時，我很著迷於 3D 立體，這是將 2D 圖像弄成像 3D 的一種表現手法，最近人們會使用 3D

眼鏡等讓圖片看起來更有立體感。然而，我成長的過程中沒有 VR 這種東西，也沒有可以讓事物看起來像實際 3D 的方法。所以我真的很喜歡 3D 立體，小時候我很沉迷於 3D 投影玩具 View-Master，雖然長得像是望遠鏡，但它是可以將照片底片放入的機器，2D 照片透過它可以變成 3D。大概是在我八歲時拿到那個玩具，每當玩它的時候，3D 效果讓我彷彿瞬間移動到那些我從未去過的地方，像是西藏等地方。那時感受到的激動，或許從某個角度來看，所有的一切都是從那個時候開始的。這樣的經驗會影響我的藝術創作，這也是我在作業時會戴上 3D 眼鏡進行藝術創作的原因。

　　我還是學生時，有一位老師教了我們一個奇妙的「圖片轉印」（Image Transfer）手法，列印一張圖像後，在上面塗抹黏著劑之類的東西，把它貼帆布上，紙上的圖便能完全轉印過去。我覺得這是非常奇妙的手法，那是我唯一知道將數位化的藝術作品轉印到帆布的方法，真的很神奇又令人著迷。但是，如果想讓數位藝術作品看起來像真實地畫在圖畫紙上一樣地轉印的話，需要花上 60 到 100 個小時的冗長時間，要做這個是真的、真的很難。不過，長時間感受印刷紙與帆布的質感，細心地塗抹黏著劑的作業像是在冥想一樣很美麗，它有著某種特別的感覺。經歷這樣的過程後，完全屬於自己的第一個作品出來時的喜悅可說是 ... 雖然當時我不知道是怎麼成功做出作品的，但是我成功了，那時全宇宙好像在跟我說：「你一定要做這件事。」

Q：你是怎麼決定要收藏哪些藝術品？

我住在洛杉磯，讀的是美術學校。畢業後在大型新聞社《洛杉磯週報》（*LA Weekly*）工作，我設計了每週要發送給 10 萬人的新聞封面。現在回想起，其實那時的我只是剛畢業的菜鳥，做了符合「90 年代風格」的工作，是個沒有遠大意義的工作。不過，住在洛杉磯對我來說是個擁有體驗各種經歷的機會，我真是在最適當的時期出現在最適當的地點。因為公司福利，我去了很多美術展覽，深陷在 LA 文化當中。儘管我很常去看美術展，卻沒有錢買作品。不過，我在逛那些展覽時，我會裝作自己是想要什麼都買得起的人，因為這樣我才能培養對藝術的眼光。我也運用了培養出來的藝術眼光，開始收集起「垃圾藝術」（trash art）。

Q：可以請你說說有關加密世界正發生的「垃圾藝術」運動，還有這對你的收藏家身分有何影響嗎？

我買了很多藝術品。我賣掉藝術品的一部分收入會拿去購買其他藝術家的 NFT 作品，因為我真的很愛加密藝術。我沉迷於NFT 世界，很想幫助在這領域工作的朋友們。可是，我買的作品當中有一部分是沒什麼想法下，好像就只按了一兩下滑鼠點擊而買下。不知道是不是因為我的傳統藝術家背景，我覺得好像被詐騙了，因為我原本堅信所有的藝術家會販賣自己認真創作的作品。所以我在推特上不斷地抱怨相關的事情，也曾製造騷亂過。就這樣在某一天，我往後退一步觀察周遭，那時才發現到「垃圾藝術運動」

的意義。那些是在向社會傳遞強烈訊息的作品，可以說是和「瞬間的藝術」（instant art）有著相似的性質。

　　在垃圾藝術裡，「過程」不重要，重要的是結果看起來怎樣。我跳脫了我一直以來對藝術作品的判斷框架，開始正視它是歷史的一部分，也瞭解到垃圾藝術是一場非常大型的社會運動。雖然這與我身為藝術家時所做的是完全相反的藝術，但是我意識到垃圾藝術在建立加密藝術文化過程中是個非常重要的角色。像是 Robness、Max Osiris、Bruce the Goose 等藝術家們正以沒人能理解且前衛的方式開闢屬於自己的領域。我也漸漸地能理解他們的世界觀，最後完全陷入這個世界裡，並且開始收集垃圾藝術作品。

　　當時完全找不到這樣的作品。事實上，垃圾藝術到目前為止還不是吸引很多人關注的領域。不過，我認為馬上會有許多人瞭解到這新藝術風格對加密藝術歷史有多重要。當我攤開看加密藝術整個歷史時，總會感嘆我們錯過了許多優秀的早期作品。

Q：你收藏藝術品到現在為止，有學到一些什麼重要的教訓嗎？

　　我認為在購買 NFT 時，自己看到作品的那瞬間感覺是最重要的。所以，如果沒有強烈地感覺到「沒錯，就是這個！」的話，我是不會買的。有時我會仔細地端詳我的 NFT 收藏品，這樣的行為不是為了自我滿足或是虛榮心，而是每當我在端詳時，我可以感受到自己有多麼喜愛那些我買下的全部作品。

　　我覺得以正確方式收藏作品是收藏家必備的要件之一。滿多

人都說基本原則之一是去收藏一個即便金錢價值沒了，你還想一直擁有的作品。我也完全同意這個說法，絕對不能只為了收益性質而收藏作品，尤其是如果你將 NFT 作品單純當作投資手段的話，它一定會成為最危險的投資手段。

Q：你在不少個 NFT 市場平台收藏了 700 張以上的 NFT 作品，你是如何管理它們？

　　多少有點累，不過最近出現了一個 NFT 專用的社群網站 Showtime，多虧了他們有連結數位錢包的功能，讓我第一次在一個地方便可觀覽我所有的 NFT。在接觸到 Showtime 之前，我在 SuperRare、KnownOrigin、MakersPlace 平台購買的 NFT 作品，必須分別進到這些平台才能看到我的收藏。多虧 Showtime，我能將自己四散在各平台的收藏品集中在同一個地方觀賞，而且這也更能觀察出我的作品整體脈絡。不過，我相信之後也會持續出現不錯的 NFT 平台。Tezos 區塊鏈上的「Hic et Nunc」NFT 平台就是這樣（順帶一提，Hic et Nunc 在拉丁語裡是「現在，這裡」的意思）*。我希望能有更多藝術家與收藏家知道這個事實，NFT 平台正不斷進化的事實。現在重點不是你是否擁有 SuperRare 的作品，因為藝術終究才是主角。

---

* 譯註：該平台已於 2021 年 11 月 14 日無預警關閉，但智慧合約與作品依然還存在。

Q：你有將為了收藏而買的 NFT 作品再賣出過嗎？如果有的話，你從中學到了什麼？

　　有不少人很想要買下我的收藏品，所以這種情形是一直發生。其實，我認為因為我們是收藏家，所以一定會遇到再怎麼喜愛那個作品也得賣掉的情況，我的意思是說這是為了 NFT 社群。仔細回想的話，我其實賣掉不少有潛力的作品，如果沒賣掉的話，現在價格應該上漲很多。尤其 Max Osiris 的作品是最佳例子，那是個非常優秀的作品，大概是他最棒的作品之一。有一位收藏家跟我說他真的很想要買那個作品，儘管我不想賣，但是看到那位收藏家的熱情，我相信他一定會好好對待那個作品，最後還是把所有權移交給他了。當時這筆交易也幫助了作者 Max Osiris，因為那個作品第二次在市場販賣，讓其他收藏家看到了這位藝術家的作品價值是何種程度。實際上，我把那個作品移轉給新的購買人後，馬上就將手上那些原先不賣的 Max Osiris 作品全部賣出去了，這都是因為很多人知道他的作品以好的價格再次賣出。如果我們永遠把作品握在手中不放開的話，那麼加密藝術、NFT 藝術市場就無法進步。某程度來看，我們全部人像是搭著同一艘船。我非常高興自己在某個地方幫到一個人的發展，老實說這比填滿我的口袋要更讓我幸福。

Q：這幾年裡你的藝術 IQ 發展得如何？你是如何知道自己討厭藝術中的哪些東西？

　　這是個很好的提問。我欣賞藝術的方式是去感受作品的原創

者、藝術家自身的靈魂。如果他不想傳達什麼故事的話,也就是如果他不想從自己身上拿出點什麼的話,那我一定無法與他的作品共情。我認為收藏作品可以與藝術家建立關係,所以我會想知道你究竟要表達什麼。沒有故事不一定是錯的,只是我作為收藏家至少想從我購買的作品中感受到某些有意義的東西,我想與作品有情感上的連結,這便是作品裡深藏的故事價值。

我舉個例子,Osinachi 創作者住在非洲過著屬於自己的生活,看他的作品可以發現他明確地表達出了人生的曲折,他不會隱藏自己的意圖。當藝術家不躲在作品之後,「真實」地站出來時,觀眾才會感到自己的情感完全被曝露出來。當一個人敞開心胸跟你說自己的故事時,你也會說出自己的弱點或想隱藏的事情,任何人應該都有過這樣的經驗吧?我認為只有當藝術家與觀眾達到深度的交流時,才是真正進行「藝術」。

Fewocious 創作者在與觀眾交流方面是個優秀的例子。他過著不輕鬆的人生,這些可以從他的藝術中充分地感受到。我可以從他的作品中感受到他的痛苦與各種情感,透過如此坦率的對話讓我感受到他是真正的藝術家。作為收藏家時,我買一位藝術家的作品意味著投資他的人生,也是投資他的想法。當然,我是因為喜歡 Fewocious 才投資他的作品,同時也是因為期待他的藝術創作往後會更加興盛,並且創造出更有價值的藝術而投資他的未來。這些可說是我收藏作品的方式與原因。

Q：你怎麼看待 NFT 的未來？

首先，最重要的是觀察 NFT 的歷史。我們現在可以藉由 NFT 將數位藝術營利化，這在過去是完全想像不到的。數位作品可以代幣化，也能證明數位正本與稀缺性的價值。

不過，現在還只是開始的階段而已。有一個是很多人不會提到的東西，那就是有關版稅。我覺得討論版稅是件很重要的事，每當我作為 NFT 藝術家的作品再次被販售時，我都可以一直收到再次銷售的手續費，我覺得這件事很有趣。一般藝術家的 NFT 作品再次被販售時，可以永遠拿到約 10% 的版稅，這東西的威力真的可以說是非常強大。

像是畢卡索，他的作品在世界級拍賣會上以天文價格交易，但是他的家族並無法從中拿到一分錢。我認為 NFT 的版權機制會為藝術界帶來革命，這樣的系統不只會為創作者帶來力量，也能不時地給創作者家裡發錢。我死後 100 年，我的曾孫、曾曾曾孫們可能會說，「Coldie 爺爺那時到底做了什麼，居然能讓我們現在也賺到錢？」現在我們不談作品賣了多少，而是該談論長期下作品的再次販售會帶來怎樣的價值，讓人理解這個系統且使之普及化是 NFT 接下來該邁出的步伐。

還有，我們接下來要思考的是「為了更促進藝術發展，該如何使用代幣？」我的意思是將圖像代幣化後進行交易的模式不會是我們的終點站。如果你是藝術家的話，希望你能好好思考自己為了向收藏家展現更好的價值，自己還可以做什麼。如果是我作為藝術

家來思考的話，其實我現在為了向購買我作品的收藏家們表達謝意，而正準備送給他們 VR 的 NFT 作品，直接傳送 NFT 到收藏家的數位錢包裡，這是一個可以輕易向他們表達感謝之情的方式。你可以使用各式各樣的技術來維繫你與那些支持你藝術的收藏家間的關係。

沒有人能知道 1 年後或 5 年後會發生什麼事。不過，人們會不斷地研發出各式各樣的新技術，我們作為藝術家應該要去嘗試各種方法，努力讓人們可以透過新的方法與我們的藝術作品交流。舉個例子，在 Async Art 平台上你可以擁有一個藝術作品的好幾圖層，隨時隨地可以改變你擁有的圖層。這是一個全新的藝術體驗。* 我認為這種新挑戰已不再是單純的 JPEG 或影片檔案等藝術創作，它將會帶領我們進入全新的創意領域。

等一下，請不要誤會。我不是說這種型態的作品不好，只是如果你能透過作品與他人建立關係，並按照自己喜好排列與增加圖層、選項的話，那真的會完全成為一個全新的世界。我很期待充滿活力的 NFT 世界的未來；還有，我一想到自己可以成為其中的一份子就非常非常的激動。

---

* 譯註：AsyncArt 把藝術品分拆成主畫布（Master）和圖層（Layer）兩個概念。主畫布是作品的主體體現形式，一個主畫布由多層圖層來構成。

第五部分

NFT 市場的現在與未來

1　NFT 所帶來的市場機會

　　我們已經介紹了許多 NFT 的實際應用案例，最近也時常能在新聞或報紙上得知與 NFT 相關的消息。2021 年 7 月，JYP Entertainment 宣布投資了由數位資產交易所 Upbit 所經營的公司 Dunamu，開始推動與 NFT 相關的事業。作曲家兼製作人金亨錫代表所經營的 NONUNI RAIDERS，與區塊鏈點數平台 MiL.k 合作展開 NFT 及元宇宙事業的消息，也出現在新聞報導中。年初時關於 NFT 的新聞，多半是關於 NFT 藝術作品以天文價格成交，然而近來可以感覺到新聞的走向逐漸在改變了。

　　前面章節曾經提到，NFT 不只是將藝術作品、音樂及收藏品代幣化後販售，它也能運用在許多其他地方。透過華麗的數位作品所接觸到的 NFT 技術，背後有我們無法想像的巨大世界。NFT 這樣的概念現在還在引進初期，未來會如何改變我們的生活，很難完全準確預測。然而了解 NFT 的技術與意義，可以讓我們去想像，許多東西在日常生活中可以如何運用 NFT。當然，也有人主張 NFT 只是一時的流行，從現在開始會逐漸沒落。

　　NFT 在未來會如何改變我們的生活，帶來什麼樣的機會呢？要回答這個問題，必須先了解 NFT 的基礎，亦即區塊鏈技術原本的意義。區塊鏈最根本的原理與支持它的理念為「去中心化」。

　　本書的許多部分都有提到，從古至今，在各種社會、經濟規

則、決策及分配上，我們仰賴著中央集權的機關或組織的判斷。包含了鑄造貨幣、樹立各種經濟政策的政府，以各種名目向藝人或實況主收取手續費的串流服務公司，擁有並控制遊戲中所使用的角色與道具的遊戲製作公司，在各種金融交易中掌握大權，並要求複雜的行政程序及高額手續費的銀行，以及擁有我們上傳至社群軟體的所有照片、文字的實質控制權限的社群軟體公司等等。

　　這類的主體一直以來替我們訂定了規則，以便我們從事各式各樣的經濟、社會活動，與此同時也以提供相關平台為理由，向我們收取了各種（偶爾是不合理的）報酬。去中心化的理念在於，從現在開始不再依賴這樣的中央集權組織，而是回歸到實際製造、使用物品與內容的創作者與消費者，也就是與生產及消費直接相關的主體上。以這樣的理念為根基的區塊鏈，以及以此為基礎的NFT，我們可以期待，會給我們的社會帶來以下的變化。

實際主體具有控制權

　　NFT 擁有阻止中央集權的組織及機關掌控交易的實際主體所擁有資產的定義及目的，使得將資產轉化為 NFT 的意義變得更加明確。以上這段話，乍聽之下可能不容易理解，下面將以遊戲道具來舉例說明。

　　一直以來，所謂的遊戲道具是由遊戲公司所製作，只能在遊戲中使用，且遊戲玩家不可主張實際的所有權，是與線下的生活完

全無關的虛擬道具。然而 NFT 化的遊戲道具性質與此完全不同。

儲存於區塊鏈的NFT遊戲道具，可由使用者直接擁有及控制，這時，這項遊戲道具，就不再侷限於單一平台。一直以來都是應用程式（平台、遊戲等）先行製作，接著才有使用者與內容。然而如今將成為使用者與內容（例如遊戲道具）先存在，內容的所有權受到重視，接著才會發展出可應用該內容的空間。換句話說，使用者與內容為先，接著出現兼容的應用程式的時代即將來臨。

NFT 的重要特性之一是互通性，也就是使內容能夠在不同應用程式中兼容，變得更加自由。這點使得 NFT 資產的價值與意義更加明確，並給予所有權人更大的權限，這樣的性質將 NFT 所有權人置於社會經濟系統的中心。舉例來說，我有一樣在某個線上遊戲所使用的道具「馬」，當我將此道具以 NFT 形式持有時，我隨時可以賣給其他人，不只如此，也可以使用於能夠兼容 NFT 的多樣化數位世界。換句話說，除了在我主要使用這項道具「馬」的線上遊戲，在其他的線上遊戲或是像Decentraland之類的元宇宙空間，或是其他認可我的 NFT 所有權、性質完全不同的空間，我都可以使用這項道具。我的道具「馬」的性質（樣貌、顏色、速度等等）都記錄在區塊鏈之中，不論在何處使用，都將表現出它既有的特性。說不定不只是在數位世界，也許未來在現實世界中，也可以虛擬實境的型態見到我的道具「馬」。當我以 NFT 形式擁有此道具，我就具有絕對的控制權，並可以多樣化的方式去使用它。

在未來，將存在於現實世界中的物品 NFT 化來持有的趨勢，

應該會比現在更加普遍。因此，NFT 所表現的實際物品特性將和
數位物品一樣變得更加明確，所有權人也將有更多的權限。雖已不
乏實際案例，以下我仍會以 NFT 形式的演唱會門票發行為例說明。
由具有中央集權權限的機關負責控制演唱會門票的販售、流通、分
配的情況下，本人所持有的門票通常無法販售或是轉讓給他人，即
便可以，過程也往往十分繁瑣。然而若以 NFT 形式持有門票的話，
會有什麼不同呢？以 NFT 形式表現的門票，可提高潛在購買者的
可及性，並透過市場輕易地販售給其他人，或是當作禮物轉讓給他
人。另外，可依情況將此資產用於完全不同的用途。像是當作金融
交易的擔保，或是在元宇宙舉行活動時當作商品使用。當然，上述
的內容是如果以 NFT 形式持有門票時，現在就可以做到的事情。
然而在未來，將現實世界的東西 NFT 化將會更加普遍，進一步使
得 NFT 化的東西的應用範圍更廣， NFT 持有者的權限也將加強。

加強創作者權限

　　因區塊鏈及 NFT 技術的發展，社會經濟的去中心化速度加
快，創作者的權限也會隨之加強。如前所述，今天即使是知名的音
樂人，仍受限於掌握音樂市場的唱片公司及串流公司，在決定權或
金錢收入上受到很大的侵害。NFT 不透過這類傳統的中央集權式
組織或機關，直接販售創作者的專輯或歌曲，此外還可透過社交代
幣，使創作者擁有更大的權限，與粉絲們建立更加直接、有意義的

關係。

　　除此之外，NFT 還有一項讓創作者權限與力量更強化的創新功能。當創作者發行 NFT 時，可要求永久性的再出售交易權利金。乍聽之下好像不是什麼了不起的技術，以 NFT 形式發行的商品，每當販售給新的購買者時，販售價格的一部分將作為手續費支付給創作者，這件事聽起來在技術上並不困難。然而，果真如此嗎？

　　其實，要在某項商品上綁定技術性合約，使其永久性地自動計算再出售權利金，是非常困難的事情。要持續地追蹤在某個時刻由誰持有該商品很不容易，掌握該商品是否已再出售也很困難。即使透過某種特定的運算法則，限制該作品僅能在特定平台或市場交易，便於設定自動計算再出售權利金，但在 10 年、20 年後，有辦法保證該平台不會倒閉嗎？

　　另外，即使該平台可永久存在，又有辦法保證平台能夠永久、正確且無遺漏地紀錄並保管該商品的交易金額與成交紀錄嗎？基於區塊鏈技術的 NFT 可以解決全部這類的問題。許多專家指出，這對於創作者的賦權來說，是非常創新的一件事。

　　億萬富翁馬克庫班，是美國電視節目《創智贏家》中的常駐嘉賓，他作為負責審查新商業點子的投資審查專家而廣為人知。他曾經在某次訪談中提到，自己曾因為有趣客串了一些電視劇與電影，而這些客串出演的權利金請求權，都堆在自己的辦公室。舉例來說，當電影《2015 大明星小跟班》在韓國播放時，他收到通知可請求約 1.5 美元的權利金。每次收到這些信件時，他總覺得權利

金的追蹤與管理非常地沒有效率（做為參考，他打算將這類的權利金請求權集合起來後簽名賣出，並將所得捐出）。接著，他試圖說明 NFT 可以自動計算再出售權利金，是多麼振奮人心的一件事情，並舉了可適用於這樣的系統的重要例子。他說：「可以運用再出售權利金的地方是無窮無盡的。讓我舉美國的教科書為例，美國的教科書貴得離譜，所以在大學裡，有很多學生上課時是沒有教科書的。若教科書以電子書的形式製作並可再出售，再出售的手續費永久屬於出版社的話，會怎麼樣呢？這樣一來，出版社可以降低教科書的售價，學生也可解決上課時沒有教科書的問題。再出售的權利金自動結算，且原創作者可永久收取，是非常創新的一件事，我相信在許多領域都可以運用得上。」

　　去中心化可讓創作者直接與消費者交易，當再出售時可永久收取權利金，並可透過社交代幣與粉絲進行自由且有意義的交流，這樣一來，傳統上引領各種產業的公司、組織、機關及政府的權限將縮小，並將權力賦予創作者。這樣的趨勢，隨著 NFT 的普及已經開始了，未來將會加速進行。

可進行去中心化的交易

　　消費者將可在新的領域進行去中心化的交易。若要選出這樣的現象最明顯的領域，應會是去中心化金融（Decentralized Finance，DeFi，以區塊鏈技術為基礎的去中心化金融系統）領域。

其實在比特幣剛登場的時候，許多人認為這是對既有的金融體制的挑戰。這是因為區塊鏈的基礎理念是認為可透過去中心化，由個人取代在當今的金融系統具有絕對影響力的商業銀行與投資銀行。近來去中心化金融的擴張趨勢，或許也是想要實現這樣的理念的表現。

假設你以自己的資產做為抵押向銀行貸款，為了辦貸款必須經過銀行多樣的行政程序，且為了滿足銀行的存貸利差，只能配合銀行所提出的利率。銀行在審查貸款申請人的信用度時往往十分耗時，且在檢查信用度時，依狀況必須要提供個人資料，多少也會令人有所顧忌。如果 NFT 能廣泛普及，這樣的金融交易會如何改變呢？如前面所述，數位資產與實體資產的 NFT 化將會加速，使 NFT 如同一般資產般交易的時代將會來臨。

這類以 NFT 做為抵押貸款的金融服務，如今已經出現，未來這個市場也將持續成長。與一般商業銀行的交易模式不同，透過去中心化網路，以 NFT 做為抵押取得貸款時，交易可即時完成，不需要透露本人的身分，因為所有的程序都是依存在區塊鏈的智慧型合約來執行。這類利用 NFT 來進行個人對個人的 NFT 金融交易已經十分活絡。舉例來說，以一個或多個 NFT 作品為抵押，借取相對應金額的金融服務已被廣泛使用。在未來，將 NFT 資產分割為一定數量的可替代代幣（ERC-20）的「NFT 所有權分割」技術將會更加普遍，這在過去是必須透過投資銀行、支付高額手續費，且只有公司、不動產、金融合約等特定種類的資產及所有權才能夠做

到的事。

　　但是分割 NFT 所有權的理由是什麼呢？這與公司將股票上市，並將股票出售給多人的理由是類似的原理。將 NFT 藝術作品分割出售給多人的情況，我將在以下舉例說明。

　　第一，分割後可使非流動性資產變為流動性資產。一般來說，若 NFT 作品很昂貴，價格越高，潛在的購買者就越少。而當潛在的購買者越少，要將物品以合理價格賣出，就需要更多時間。若將 NFT 分割，就能聚集更多的潛在購買者，NFT 作品的所有權人可透過販售分割後的代幣，讓本人所持有的作品更快速兌現。

　　第二，若分割，代幣買賣將會更頻繁，就可準確地得知更加公正的市場價格。一般來說，當 NFT 分割，會使代表該作品的代幣數量增加，進一步使得單一代幣的價格降低，這樣一來就可使潛在購買者增加。當潛在購買者越多，交易的頻度也會更高。每當購買者購買分割後的代幣，該 NFT 作品的整體價格也將隨之更新。這就如同在傳統的股票市場上，每當買賣股票時，該企業的總市值也會更新，是類似的原理。

　　第三，分割 NFT 可以讓更多人對於該 NFT 作品有興趣。因為分割後的 NFT 可以讓更多人持有，這樣一來 NFT 自然會得到更多人的關注，代表社會認同該 NFT 作品的價值，也可說是帶動 NFT 價格上漲的原因。

　　若要實現去中心化交易，持有代幣的人之間，必須要有一個主動的決策執行體制（governance），未來可能會由名為 DAO 的分

散式自治組織負責扮演此決策角色。DAO 就像是一個會呼吸的生命體，為了做出某項決策，存在時間可以是幾分鐘，也可以是永久。此外，DAO 也可對所有持有特定代幣的人開放，使他們參與決策，同時也可以是具有排他性的。

關於 DAO 的部分，將在「代幣經濟時代」更仔細說明。

成為透明且可信賴的社會

NFT 會使社會變得比現在更加透明，且彼此互信程度更高。當加密貨幣剛登場的時候，許多人擔心加密貨幣會被使用於恐怖組織、毒品交易，或是色情行業等等社會的黑暗面，妨礙社會的透明度。雖然目前還沒辦法完全平息這樣的爭議，但當區塊鏈技術與 NFT 接軌時，應有可能做出貢獻，成為更透明且可信賴的社會。舉例來說，任何人都可以從電腦看到 Beeple 的藝術作品，也可儲存在自己的平板電腦或手機中。但你有想過 Beeple 的仿冒品是否也能以 NFT 形式上架嗎？像是仿造 Beeple 的作品自己畫出來後，欺騙大眾是正版作品，將其 NFT 化並販售；或是將 Beeple 的正版作品儲存於自己的電腦，並將其代幣化後販售，這是可行的嗎？

答案是「不行」，因為從現實面來看是不可能的。過去所有交易、創作相關的資料都儲存在區塊鏈上。這項作品是誰創作的，在什麼時候，多少錢賣給誰，所有的資料都有紀錄，所以輕易地可以知道是不是正版。現今的藝術作品鑑別系統，要鑑別是否為偽造

品需要時間，加上正確性並不能百分之百保證，與 NFT 十分不同。

　　記錄在區塊鏈上的內容，以及透過區塊鏈生成的智慧型合約內容，是任何人都無法更改的。因為是去中心化的系統，不論是政府、大型社群網路公司、厲害的駭客都無法更改。這些紀錄分散儲存在全世界數不清的帳本（ledger）之中。還有其他的系統能將資料及合約，紀錄且管理得比這個系統更加透明、正確且可認證嗎？在未來，各式各樣的 NFT 將以各種方式進行交易，而這些 NFT 交易比起任何交易都要來得可靠，因此可成就更透明、彼此更加信任的社會，這不是一件很令人興奮的事情嗎？

　　更進一步來說，區塊鏈與 NFT 可消除交易中的差別對待。區塊鏈的特性在於能記錄過去、現在、未來的所有交易，若可利用該特性，未來即使不透露個人的個人資料，也可以對個人進行信用評價。專家們認為，未來，在去中心化金融（DeFi）領域上，不以 NFT 為抵押、不須經手一般商業銀行，即可立刻進行 DeFi 信用貸款交易的世界將會到來。這樣一來，借貸人的身分、學歷、背景、人種及年紀等等的條件都不會影響個人的信用評價。

　　現今的世界爭論於是否存在對於少數的系統性歧視，在政治性議題上爭鋒相對，造成社會紛擾。區塊鏈與 NFT 是不是可以成為讓社會更加透明，並進一步解決社會議題的方案呢？

　　NFT 現在才剛開始被世人所知。或許我們無法經由 NFT 正確預測，未來我們的日常會有什麼改變，然而可以透過 NFT，去想像未來的社會。基於去中心化製作出來的 NFT，脫離了至今制定

社會經濟規則及價值體系之組織的影響力，隨著使用範圍漸廣，可能會帶來以下的變化：第一，NFT 所表現的商品的價值與特性將會更加明確；第二，在各種決策及經濟上的分配時，創作者與消費者有更大的力量及權限；第三，在現今我們所無法想像的領域上，也會出現去中心化的交易；第四，更加透明且互信的社會。這樣的未來，已經一步一步來到我們身邊。

NFT 與多樣化的可能性

　　試著找找 NFT 帶來的多樣化可能性吧。以下的各個 QR 碼，分別連結至該網頁。*

NFT 元宇宙 × 服飾業（時尚）　　**NFT** 元宇宙 × 餐飲業（餐車）

---

*　由區塊鏈專業顧問公司 Smart Store 股份有限公司鄭錫兆代表提供。

2　NFT 的漏洞與市場風險

　　NFT 由三個部分組成，分別是唯一識別碼、中繼資料、數位內容。許多人認為這三個部分都儲存於區塊鏈上，然而其實現今大多數的 NFT 都仍有部分中心化的情形，這也被視為是 NFT 的一項重大漏洞。這是因為主要的 NFT 市場包含有中心化的部分，舉例來說，將大容量的數據上傳至如以太坊之類的區塊鏈時，需要耗費時間成本與高額礦工費，所以通常只會將 NFT 的唯一識別碼儲存於區塊鏈上，而相關的中繼資料與媒體檔案（數位內容）則儲存於鏈下。

　　若你所擁有的 NFT 有部分是儲存於中心化的伺服器上的話，就會產生風險。舉例來說，若經營伺服器的公司倒閉、伺服器關閉的話，雖然唯一識別碼仍然（且會永遠）存在於區塊鏈上，然而其所代表的真正內容物本身卻會因此永遠消失，這是非常令人遺憾的狀況，與區塊鏈所承諾的永久性與不變性也背道而馳。目前許多專家正在努力解決 NFT 的儲存問題，像是 Arweave 這類的去中心化數據儲存協議，以及 P2P 檔案儲存系統 IPFS 這類的替代方案陸續登場，使 NFT 所連結的數位內容可以用去中心化的方式儲存。

　　除了儲存問題外，NFT 的使用者經驗也有改善的空間。NFT 才剛開始受到大量的關注，仍是新市場，所以如代幣標準等相關的基礎設施正快速地進化當中，仍有許多部分需要改善。OpenSea、

Nifty Gateway、SuperRare、Rarible、KnownOrigin 等 NFT 市場，相對來說仍是很年輕的平台，這些平台以有限的人力及金錢資源在運作，然而考慮到 NFT 開始與多樣化的產業結合，整體來說進化的速度非常地快，資源有限可能會成為阻礙平台發展的因素。

實際上，因為這些平台仍無法完全跟上市場的發展速度，所以開始不斷地出現聚焦於特定功能的利基市場平台。這導致 NFT 生態系統有些破碎（與所有的新市場類似）。短期來看，這類平台的大量擴散與急遽增加是一件好事；然而從中長期來看，若有在功能上更加整合的平台出現，應可以提供使用者更順利且有效率的使用經驗。為了市場的持續成長，這是必要的過程。

與此同時，在將內容創作者與創作者的 NFT 作品配對過程中也存在著漏洞。像是 OpenSea 或是 Rarible 這類無許可 NFT 市場沒有特別的限制，任何人都可以輕易地上傳檔案生成 NFT，在這樣的情況下，有可能會出現未經許可即上傳他人的檔案，並獲得經濟利益的不正當行為。為了解決這樣的問題，出現了 Nifty Gateway、SuperRare、KnownOrigin 等平台，由它們親自選出可以上傳作品的創作者，並進一步確認是否為創作者本人這類篩選型的 NFT 市場。

然而導入這種「篩選」機制會引發不同的問題，這裡以較極端的方式說明，那就是專精技術方面的平台相關人士將會直接參與藝術品及創作者的評價。藝術的妙趣在於個人可以自由地鑑賞、賦予獨特的意義，但若平台以專業藝術評審團的角色自居，那就不是可以輕易帶過的問題了。因此，雖然這幾個篩選型的 NFT 市場試

圖導入去中心化篩選方法，然而目前大部分的市場，從營運的角度來看，都不是反映大眾的心理或智慧，而是反映中央集權化的專家集團主觀意識及決策。

標榜去中心化的 NFT，在與大眾接觸的過程中，卻展露出本質上不是那麼去中心化的漏洞。

NFT市場伴隨的風險：環境問題與法律爭議

威脅著 NFT 市場的風險可分為環境問題與法律爭議，讓我們先從環境問題開始探討。大眾對 NFT 的關注從 2021 年初開始爆炸性地增加，創造了無數的可能性，也帶給無數的創作者力量。然而相對於 NFT 的正面傳播效應，它也存在著排放二氧化碳的環境問題，使得環境運動家們開始針對 NFT 的碳足跡（carbon footprint）採取限制行動。

2021 年 3 月，一個專門提供藝術家使用的知名線上平台「ArtStation」發出了公告，它們將增加 NFT 功能，然而僅僅過了幾個小時，它們就決定取消計劃。這是因為大眾認為「ArtStation」順應 NFT 趨勢，將讓環境問題更加惡化，使得它們在社群軟體上飽受批判。其實與 NFT 密切相關的區塊鏈在能源使用上也早已存在爭議，許多人認為 NFT 的爆紅加重了環境汙染。然而 NFT 真的在危害地球的健康嗎？

能源使用的問題不只侷限於NFT本身，也是區塊鏈上的問題，

隨著特定區塊鏈如何營運，其影響嚴重性也不同。近來大部分的NFT是在以太坊區塊鏈上鑄造，每次NFT發行及販售伴隨的過程，也就是將新的交易明細記錄在區塊鏈上的過程會消耗許多能源。以2021年為標準來計算，在以太坊區塊鏈上紀錄交易明細時，電腦需要消耗相當於48度（kWh）的能源，這相當於一個家庭一整天的使用量。因此，這是絕對無法忽略的環境成本。

　　意識到這樣的情況的以太坊區塊鏈，在紀錄交易上即將有很大的變化。以區塊鏈語言來說，以太坊的共識協議（consensus protocol）在2021年下半年或2022年上半年前，會由現有的工作量證明（Proof-Of-Work）方式，轉換為權益證明（Proof-Of-Stake），這樣一來，以太坊區塊鏈的能源使用量將可減少99.95%。想以更環保的方式來發行、交易NFT的創作者們，在以太坊的計劃完成之前，可以選擇像是Solana、Tezos、NEAR這類能源消耗較少的區塊鏈。當然，以太坊區塊鏈也有暫時的解決方案，像是Polygon或是Arbitrum這類的Layer 2解決方案。隨著這樣的問題意識擴散到全世界，針對環境汙染的各種解決方案也開始出現，現在我們可以更「智慧」地享受NFT。

　　另一個重要程度不亞於環境問題的議題，正是與NFT相關的法律爭議。

　　到目前為止，NFT仍是很新的技術與剛崛起的市場，因此有許多法律規章部分仍沒有明確的規範。首先，「所有權」是有爭議的。關於所有權，在NFT所有權移轉契約書或市場使用條款中，

雖有明確的標示（然而多半是以非常小的字體），但會好好讀完的人並不多。再加上市場的使用條款中，多半沒有正確地針對所有權說明，即使有也只是簡單地帶過。這造成銷售者與購買者之間，產生意料之外的法律爭議。

許多人可能不知道，若仔細閱讀像是 Instagram 這類的平台使用條款，就會發覺，當使用者上傳了內容時，該內容所有種類的所有權，包括將內容收益化的權利，都是與平台共有的。此外，這類的平台以幫助使用者廣泛傳播內容為名，獲取了大部分的廣告收益。相較於這類的平台，NFT 市場所收取的手續費要少得多。然而問題在於，透過這些 NFT 市場販售的內容，售出的內容到底包含了哪些權利往往不明確。

一般來說，NFT 的所有權，與 NFT 的創作，也就是資產的著作權，從根本上是不同的。若契約書或使用條款中未特別標示，則在所有權移轉後，創作（資產）的著作權仍屬於原作者。未確實了解這樣的差異的 NFT 購買者，就可能會陷入風險之中，購入與自己所期待的完全不同的東西。此外，著作權也依管轄地區而異，導致一般的 NFT 購買者很難確實了解自己到底是買了什麼，買來的 NFT 又能做什麼。

著作權的部分，在全球最廣泛通用的體系是美國著作權法。其中，承認著作權所有權人擁有以下五種權利：

① 著作的複製權

② 以著作為基礎的二次創作權利

③ 著作的流通及發行的權利

④ 公開演出著作的權利

⑤ 公開展示著作的權利

以目前的一般情況來看（若契約書或使用條款上無另外標示），NFT 購買者並不適用以上任何一項。然而在未來，我們可以期待能引進具有更多不同風格的交易系統，將上述這些權利本身代幣化，在全球自由市場上交易。舉例來說，即使你沒有持有 Beeple 的作品，但你若是想要擁有將他的作品在全球各地商業展示的權利，會是可行的嗎？

NFT 的法律地位（legal status）仍有許多部分不明確，畢竟 NFT 是新技術，且是正爆發性崛起的市場。期望在未來隨著 NFT 的持續發展，與 NFT 相關的法律爭議可有明確的解決方案，讓更多人可以充分地利用並享受 NFT 的潛力。

COLUMN

NFT 相關的法律問題

鄭素英[*]

法律事務所 Young International 代表，司法研修院 42 期韓國、英國律師

　　隨著 NFT 交易日漸旺盛，與 NFT 相關的紛爭也頻繁地發生。因此，人們對於相關的法律爭議也更加關注。使用 NFT 技術交易的資產，除了藝術品外，還有收藏品、遊戲等各式各樣的資產。根據交易的資產不同，法律爭議及適用的法理也不同。在這之中最受矚目的，應為以高價出售的 NFT 化藝術作品。在韓國也有消息透露，如金煥基、朴壽根、李仲燮等韓國近代藝術史巨擘的作品將以 NFT 形式出售，引起話題。

　　舉例來說，若主張為該作品的「所有權人」打算將作品 NFT 化並進行拍賣，然而該作品的「著作人」不同意將作品 NFT 化並

---

[*] 畢業於高麗大學法律系，司法研修院 42 期進修完成的韓國律師，在韓國大型律師事務所負責國際仲裁、企業諮詢及訟事，具有豐富的實務經驗。於倫敦政經學院取得法學碩士學位 (LL.M.)，並取得英國律師資格。是相關領域的開創者兼專家，以分析韓國國內法律、外國法律以及案例為基礎，提供關於 NFT 作品的展示、NFT 相關著作權及所有權議題的諮詢，以及基於區塊鏈的未來股權簡單協議投資諮詢等相關業務。(網頁：www.younglaw.co.kr，E-mail：syjeong@younglaw.co.kr)

提出異議，最終將導致拍賣告吹。以下讓我們來看看近來成為熱門
話題的 NFT 藝術作品相關法律爭議。

藝術作品的所有權與著作權

　　要了解 NFT 藝術作品相關的法律爭議，要先了解藝術作品的
「著作權」與「所有權」概念。藝術作品的所有權與著作權是完全
不同的權利，有些人將獨佔使用作品的權利稱為「知識財產權」，
將其比喻為一種所有權來說明。然而嚴格來說，所有權是僅限於對
物品的權利。與此相反，著作權則是指作者所創作的知識產物，換
句話說是對於無形利益的排他及獨佔權利。依據現行的著作權法，
著作權大致可分為「著作人格權」及「著作財產權」。著作人格權
包含了公開發表權、姓名表示權、同一性保持權；著作財產權則包
含了複製權、演出權、公開傳輸權、展示權、發行權、出租權、二
次著作創作權。其中，著作財產權是可以全部或部分轉讓，然而著
作人格權是屬於作者，不可轉讓。一般提到轉讓著作權時，指的是
著作財產權。

　　文藝、學識、藝術範疇內的作品受到著作權保護，除此之外
則不受著作權，而是受專利權、新型專利權、設計權、商標權等其
他的知識財產權保護。NFT 藝術作品也適用於同一種法理。若是由
作者本人完成作品並 NFT 化，在任何交易發生之前，NFT 作品的著
作權及所有權均屬於作者。

NFT作品交易時的所有權及著作權歸屬

　　NFT 作品的購買者，可能會認為當他支付了交易金額就取得了作品的所有權、著作權等所有權利。然而若在簽訂買賣契約時並沒有協議轉讓著作權，則買方只能取得 NFT 作品的所有權，著作權仍歸作者所有。對此，部分的市場提供作者選擇，可以在交易時將所有權及著作權一併轉讓給買方。若連著作權一起轉讓，則包含所有權及著作財產權皆轉讓給買方。然而依據現行的著作權法，即使買方獲得著作財產權的轉讓，若權利變動沒有登記，則不得對抗第三人 *，必須特別注意。以下舉未協議轉讓著作財產權的一般狀況為例來進行討論。

NFT作品的所有權人（非著作人）可行使的權利範圍

　　買方在購買後，取得 NFT 藝術作品的所有權。買方可以將此所有權再次出售，也可以當作禮物送出，亦可作為抵押。然而即使買方取得所有權，著作權仍歸作者所有，因此買方在行使所有權上受到法律的限制。如前面所提到的，像是作品的複製、演出、公開傳輸、展示的權利均屬於著作權的範疇，原則上若買方沒有取得著作人的同意，即不得行使這些權利。換句話說，即使買方僅是將自

---

*　編註：契約雙方當事人以外的人稱為第三人。不得對抗第三人，是指不能以雙方簽訂的契約，損害第三人的合法權利，亦即雙方契約對第三人不生效力。

己所購買的藝術作品上傳至社群媒體上，嚴格來說，也可能會侵犯著作權（複製權）。

　　不過，著作權法也有一定的規範，不至於過度限制買方的所有權。舉例來說，在展示權部分，著作權法規定藝術作品的原件所有權人即使未經過著作人的同意，仍可展示藝術作品的原件，保護所有權人的展示權。然而要特別注意的是，將作品展示在常態性向大眾開放的公開場所則為例外。此外，作者在將作品出售後，仍擁有作品的公開發表權（決定作品是否公開發表的權利），若買方打算公開發表作品，則法律上推定作者同意依原作品的展示方式公開。

　　除此之外，著作權法中關於著作財產權之限制，若符合一定的條件時，可以在無著作人同意下使用作品。舉例來說，符合條件的教育機關以授課為目的，可使用已公開的作品（韓國著作權法第 25 條）、為了報導時事而在正常範圍內使用作品（韓國著作權法第 26 條）**、個人非營利目的使用已公開的作品，或是為了在家庭及一定限制範圍內使用作品而複製的行為（韓國著作權法第 29 條）、與作品的一般使用方式不衝突且不損害著作人的利益（韓國

** 編註：韓國及台灣著作權法規在定義和細則上略有不同，以下節錄台灣著作權法相關條例供讀者參考。「依法設立之各級學校及其擔任教學之人，為學校授課需要，在合理範圍內，得重製他人已公開發表之著作。」（台灣著作權法第 46 條）、「以廣播、攝影、錄影、新聞紙、網路或其他方法為時事報導者，在報導之必要範圍內，得利用其報導過程中所接觸之著作。」（台灣著作權法第 49 條）

著作權法第 35 條之 5）等。*在實際情況下，當然仍需視作品使用者的條件是否符合上述著作權法的規定，依具體的事實關係來進行討論。

當作者將實體作品NFT化後再販售時，實體作品的處理

當作者創作出實體作品後，再將其 NFT 化，則「實體作品」與「NFT作品」會同時存在。這時，若作者與買方是針對「NFT作品」進行交易，那實體作品所有權屬於誰，實體作品該如何處理，就可能會成為問題。

若作者與買方之間所簽訂的合約中，有就實體作品的處理達成協議，基本上應遵循協議處理。然而若作者與買方並未特別協議應如何處理實體作品時，實體作品的所有權歸屬就可能有爭議。目前在一般認知上，NFT 作品為實體作品的二次創作品，是獨立的作品。若交易的是 NFT 作品，則實體作品的所有權仍屬於作者。然而在法理還沒有確立的情況下，有些部分很難貿然做出判斷。

實際交易中，依據實體作品的大小及位置、買方的喜好等，作者與買方在簽訂合約時協議如何處理實體作品的方式也會有所不同。有些買方想同時擁有實體作品與 NFT 作品，也有些買方因

---

* 編註：韓國及台灣著作權法規在定義和細則上略有不同，依台灣著作權法第 51、55 條規定，「供個人或家庭為非營利之目的，在合理範圍內，得利用圖書館及非供公眾使用之機器重製已公開發表之著作。」

為沒有地方可以保管實體作品或是考量運費過高，只想要購買 NFT 作品。有些買方完全不在意實體作品是否存在，然而也有買方不希望實體作品存在，只想留下 NFT 作品，要求銷毀實體作品。

當以NFT及連結連接的作品在購買後消失

雖然有些 NFT 作品是將作品本身上傳至 NFT，但大多數是將連結紀錄於 NFT 中，再透過這個連結查看儲存在其他地方的作品。但是若連結所連接的作品因主機伺服器問題而遭到刪除時，NFT 可能就成為了廢物。當發生這種情況時，買方可能會難以尋求法律救濟。因此有部分的創作者或收藏者，使用「去中心化分散式儲存檔案系統 IPFS」來儲存作品，以防止這類的問題發生。

若有非作品著作人，
未經著作人同意將作品NFT化並交易

目前已發生過多起與作品毫無關聯的第三方未經著作人同意，將實體作品 NFT 化並交易的案例。如前所述，NFT 作品可視為實體作品的二次創作品，因此若實體作品的著作人，將二次創作品的重製權轉讓給第三方或是賦予權限時，便可將作品 NFT 化。然而，若是沒有任何權限便將他人的實體作品 NFT 化，則會侵犯著作權。

當發生這種情形時，著作人可先向該市場檢舉侵犯著作權。部分的市場在使用條款中規範了檢舉侵犯著作權的方法，當接到正式的檢舉時，經審查後會刪除該作品，或是停止侵犯權利的使用者使用服務。

另外，著作人可以侵犯著作權為由向賣方提起侵權訴訟，請求核發禁制令。侵權訴訟、核發禁制令可由創作者或所有權人之中擁有著作權者提起，若創作者未將著作權轉讓給所有權人，則可由創作者提出訴訟。

此外，也有一些案例是購買實體作品的所有權人未經著作人同意便將作品 NFT 化並交易。如前所述，藝術作品分別存在所有權與著作權，即使是實體作品的所有權人，若想將作品 NFT 化並出售，必須自著作人取得著作財產權，或是取得著作人的同意後，才可 NFT 化。

但是，即使所有權人取得著作財產權，並將作品 NFT 化，若將非著作人的其他人登記為創作者時，還是可能會侵犯著作人格權（姓名權）。

創作者隸屬於某公司時所製作的作品，或是在該作品中登場的角色，若未經公司同意就將其 NFT 化，也會產生問題。舉例來說，近來 DC Comics 針對其所雇用的自由業者發出了警告，禁止其販售以 DC Comics 角色為基礎的 NFT。在法人、團體以及除此之外的雇主企劃下，受雇於前述法人等者，在職務中所製作的作品，為「職務作品」（韓國著作權法第 2 條第 31 號），若在合約或工作

規則中未另行約定的情況下，以法人等的名義所公開發表的職務作品，該法人為該作品之著作人（韓國著作權法第 9 條）。*如果抱著「是我創作的角色，所以是我的」的單純想法，將職務作品 NFT 化，就可能會引起爭議。

若買方因相信賣方具有正當的權利，向沒有著作權的賣方購買了 NFT 作品，買方並無故意侵犯著作權之行為，所以可能不須承擔相應的責任。然而市場平台可能會刪除 NFT 作品，這時買方可對賣方請求損害賠償。

另外，因 NFT 作品的交易是在市場平台上進行的，所以在交易過程中發生的問題，針對其中一些部分，可能可以對市場平台請求損害賠償。然而大部分的市場在使用條款中均載明市場僅為平台，非交易當事者，確認販售作品的所有權及著作權為使用者全權責任，因此很難對市場提出請求。在大部分的使用條款中，更對審判請求權加以限制，要求若使用者想向市場請求損害賠償時，不應透過法院提起訴訟，而是提付仲裁。

---

* 編註：韓國及台灣著作權法規在定義和細則上略有不同，以下節錄台灣著作權法相關條例供讀者參考。依台灣著作權法第 11-1 條規定：「受雇人於職務上完成之著作，以該受雇人為著作人。但契約約定以雇用人為著作人者，從其約定。」第 12-1 條規定：「出資聘請他人完成之著作，除前條情形外，以該受聘人為著作人。但契約約定以出資人為著作人者，從其約定。」

將屬於公有領域的實體作品NFT化並交易

因超過著作權保護期限等理由而沒有著作權的作品,依韓國著作權法,公共作品(第 24 條之 2)可不需經著作人同意使用*。著作權與所有權不同,所有權只要物品存在,就沒有消滅時效的問題。而根據現行的著作權法,著作財產權的保護時效為自作品公開發表(公開展示時間)起,在著作人在世期間至死後 70 年為止。**

不受著作權法保護的作品普遍認定為「無主」,近期以來,將這些作品 NFT 化並販售的案例逐漸增加。實際上在歐洲的某些博物館,也出現了將放棄著作權的作品 NFT 化後交易的情況。雖然這不能視為侵犯實體作品的著作權,然而卻也難以保證,不會出現法律爭議。

除了上述的問題以外,還有像是買方因發生錯誤或被詐欺等理由而想取消 NFT 作品買賣合約、以為是知名作者的 NFT 作品而購買結果卻是贗品、市場帳號被盜用等各式各樣的問題。NFT 作品的交易為全新的領域,因此不論在國內、國外,相關法律及判例都還未確立,難有所謂的正確答案。因此,若認為自己的權利遭到侵犯或是受到委屈、損失時,大可以盡量爭取。若想避免出現問題,

---

* 編註: 台灣著作權法規與韓國略有不同,可參見台灣著作權法第 50 條:「以中央或地方機關或公法人之名義公開發表之著作,在合理範圍內,得重製、公開播送或公開傳輸。」
** 編註: 此處法規所訂年限台灣與韓國亦有不同,依台灣著作權法第 30 條規定,著作財產權的保護時效存續於著作人之生存期間及其死亡後 50 年。

最重要的是在開始 NFT 作品交易前，保險起見，應仔細閱讀市場
的使用條款，並尋求專家的建議。

3 NFT 與社群代幣

　　代幣不只是貨幣，也是代表著所有元宇宙中各種數位物件的一個類別。換句話說，代幣是構築虛擬世界最基本的組成要素，就像是現今世界上的原子一樣的存在。因此，如果將代幣侷限於加密貨幣，就小看了代幣所具有的無限可能性與潛力。代幣有許多種類，以下我們就來談論與 NFT 並列為最具代表性，然而我們還不夠了解的加密貨幣（crypto currencies）與加密商品（crypto commodities）。

　　有人指出，要將流傳最久、最知名的比特幣（BTC）做為流通貨幣有許多的問題。這句話沒有錯。就像批評戰鬥時所使用的坦克車無法像賽車一樣奔馳，使用比特幣支付確實比現金支付來得慢。另外，就像批判黃金價格的波動幅度大於美元或是韓幣，比特幣的價格相對不穩定。然而我們應該要知道的是，比特幣一開始就不是為了快速支付或維持穩定價格而生，反而是設計成類似黃金的「商品」角色。比特幣與黃金最大的差異，在於比特幣存在於虛擬世界。換句話說，比特幣就是數位黃金，因此，與其稱呼它為加密貨幣，稱為加密商品更適合。2021 年比特幣的每日平均交易量約為 500 億美元（折合台幣約 1 兆 3,954 億元）。

　　市面上存在著許多價格變動幅度比美元、韓幣小、可快速支付，並能在許多商店使用的代幣。像是 UST（TerraUSD）、USDC

（USD Coin）、USDT（Tether）、KRT（TerraKRW）、DAI 及 RAI 等等。為了表明這種概念上的差異，我們將穩定的加密貨幣稱為穩定幣（Stable coins）。其實在近來的區塊鏈社群中，已不太使用加密貨幣這樣的用語了。穩定幣指的是價格穩定、支付時間短，且可在許多商店使用的代幣。

穩定幣的歷史仍不長，像是星巴克等的主流商店，也是在近期才開始將其納為支付方式之一。然而在元宇宙的世界中，情況就完全不同了。穩定幣在元宇宙中已經是廣泛使用的重要支付方式。2021 年，全球交易的穩定幣數量已達到驚人的每日平均 1,000 億美元（折合台幣約 2 兆 7,909 億元）。尤其在 2021 年 5 月 20 日，更是達到了當日 3,000 億美元（折合台幣約 8 兆元）以上，完全可以感受到穩定幣目前有多麼熱門。

總括來說，加密貨幣與加密商品雖然都以代幣的形式表現，然而代幣是比這兩項更廣的概念。如前面所提到的，代幣是元宇宙中不可或缺如同原子般的存在。這也是為什麼，具備獨特性與稀缺性的 NFT，在元宇宙的發展備受期待。

社群代幣

要談論代幣，不能不談到近期最為熱門的代幣之一的「社群代幣」（community token）。社群代幣也被稱為社交代幣（social token），顧名思義是在社群中發行的代幣，基於社群成員的貢獻

度，自動分配報酬。若持有社群代幣，則可參與社群內的主要決策，具有投票權，並可獲得依貢獻程度分配到的獎勵，透過這樣良好的循環，讓社群具有成長的原動力。若 NFT 可讓一位的粉絲擁有數位資產，社群代幣則是可讓多位的粉絲共同擁有社群的概念。社群代幣與 NFT 不同，優點在於可代替且必要時可分割（例如：0.01$GILBUT 代幣）。

社群代幣可以解決以下的問題：

① 新社群在創立初期，難以募集更多成員。

② 社群內使用者（成員）與所有者的獎勵衝突，使得成員參與度低。

③ 不易收取廣告費的結構。

④ 使用的平台的政策突然改變，或是突然對成員及內容進行審查且無法抵抗。

⑤ 歸屬於平台的資產（舉例：不只是遊戲中的道具，還包含在該平台所累積的信用、評價或是高品質的發文等等），無法轉移至其他平台。

⑥ 難以測定社群的相對價值（舉例：相較於其他類似的社群）。

針對上述這些問題，社群代幣可以提供以下的解決方式：

① 創立初期持有代幣的使用者，身為社群的傳道士。

② 將社群的成員由單純的志願者變成所有者。

③ 將社群層面可提供的各種服務（舉例：某種經驗或報酬），
與創造收益連結，透過廣告及贊助，加強社群的價值創造
及獲取管道。

④ 可以讓無力的社群成員，成為積極活動家。

⑤ 讓成員們及社群，可以簡單、快速地將自己的資產（舉例：
文章、評價、過去的事蹟等等）帶到平台以外。

⑥ 可成為衡量社群的內在價值如何變化的工具。

　　從加密世界的深谷中萌芽的社群代幣，逐漸在主流區塊鏈世
界嶄露頭角。社群代幣正在尋找與以區塊鏈為基礎的各種項目的合
作切入點，其中最合適的是與 DAO 的合作。DAO 是以網路為基
礎的組織，成員們透過社群代幣，來共享並管理組織的所有權。在
創造及消費價值的過程中，不再是個人為了彼此而工作，而是彼此
一起工作。我們會在下一章談到更多 DAO 的細節。

4　代幣經濟時代

如今，代幣為我們開創了新的機會。如果說過去的關注焦點在於加密貨幣，如今則是更廣泛關注透過區塊鏈可以實現的代幣潛力。「代幣經濟」的設計，是為了在基於區塊鏈發展的 Web3.0 生態系統中，使參與者可利用「代幣」這項媒介，依貢獻獲取合理的報酬，並使價值交換更為透明。如果要用一句話來形容代幣經濟，應該可以說是：「透過構成區塊鏈生態系統的許多個人決定與相互作用，來決定集體性質的複雜系統（complex system）。」

當個人與組織持續創造、分配、擴展新方式時，每一瞬間都會決定系統的突現性質（emergent properties，又稱創發性）。這項性質會隨著時間變化，賦予代幣經濟的存在論意義，而這也是代幣經濟的定義。

分散式自治組織：DAO

讓我們舉代幣經濟的中樞角色 DAO 為例說明。分散式自治組織 DAO，是沒有任何特定的中央集權主體介入，也就是沒有階層結構式的管理，而是透過電腦代碼與程式，自行發揮功能的自治組織。換句話說，DAO 是即使彼此沒有信賴的基礎，也能夠合作的營運系統。DAO 的社群成員，透過出資各自獲得稱為社群代幣

的投票權，透過投票權可影響組織的治理及營運方式。像這樣，DAO 內的決策，由持有代幣的社群成員們自行提案並透過多數決投票決定，程序非常簡單。

如果有人在 DAO 網站或論壇上傳新的提案，則會由其他的社群成員投票決定是否採納。提案的種類十分多樣化，舉例來說，是否將 DAO 的資產使用於特定行銷目的、是否與其他社群交換代幣、是否投資 DAO 社群成員的事業等等。其中，提案種類也包含改變投票程序。例如多數決必須要 50% 以上的成員同意，或是較極端的像是只需要 5% 同意就可以。只要是社群的成員，任何人都可以透過代幣自由地針對 DAO 的未來提案。DAO 的未來，不只是個人，而是透過成員間不斷地相互作用而逐漸變化成形。

僅需幾分鐘就能生成或是消失的 DAO，目前在全球已有數百個。有趣的是，大多數是在 2021 下半年內誕生的。數百億美元的資產正透過 DAO 管理，跨越了國境限制。以 2021 年 7 月為基準，DAO 所持有的資產已達到 100 億美元（折合台幣 2,790 億元）以上，不覺得很驚人嗎？以社群代幣與 DAO 為首的代幣經濟，不知不覺已經來到了我們身邊。以下將介紹四種的 DAO。

• 贈與型 DAO（Grants DAO）

這是最初期的 DAO 之一。社群成員使用代幣（如以太幣），向 DAO 的銀行帳號（以網路為基礎，即以太坊地址）捐獻個人希

望的金額，然後由 DAO 向捐獻的成員發放社群代幣。一般來說，捐贈越多金額的人，可以得到更多的社群代幣。這些持有較多社群代幣的人，可藉此決定未來 DAO 的資產要如何運用在慈善捐贈上。贈與型 DAO 的優點在於可迅速地幫助慈善團體、NGO、政府等傳統的援助機構無法觸及的利基社群之計劃。

• 協議型 DAO（Protocol DAO）

協議型 DAO 的重點，在於透過代幣，將控制權由協議的建立者分權給使用者。舉例像是建立於以太坊的分散交易所協議的 Uniswap，它是讓使用者不經手仲介即可交易的自動化流動性協議，與 Bithumb 或 Binance 這類的交易所不同，Uniswap 將透過代幣交易所得的手續費，與社群成員共享。且社群成員對於協議的特定部分，例如制定交易所的手續費，具有決策投票權。

• 投資型 DAO（Investment DAO）

投資型 DAO，旨在讓社群成員一起決定要將 DAO 所持有的資產投資於哪一項計劃，其營運方式類似創業投資。最知名的投資型 DAO，是 Metacartel Ventures DAO。一般來說，投資型 DAO 的社群規模較小，並由社群成員共同投票決定是否引進新成員。既有的成員隨時都可以離開 DAO，這是與一般創業投資公司非常不同的一點。

• 收藏型 DAO（Collector DAO）

收藏型 DAO，是隨著全球的 NFT 熱潮，個人 NFT 收藏家增加而生。收藏型 DAO 非個人，而是募集多人共同出資 DAO，並以這筆資金來購買 NFT。大部分的收藏型 DAO 不過才成立幾個月，然而在 2021 年已經有數百萬美元的資金投注於收藏 NFT。在這之中最著名的 DAO 為 PleasrDAO，它以收藏表現社群、自由及分權等等的「網路文化」之 NFT 藝術作品為名。據說至今已將幾百萬美元的資金使用於購買 NFT。PleasrDAO 所收藏的 NFT 作品有像是 Edward Snowden 的〈Stay Free〉、The Tor Project 的〈Dreaming at Dusk〉等等，是表現與人類的基本人權及網路隱私保護的重要時刻之作品。

其實現存的 DAO，大部分同時具有一種以上的 DAO 特徵。然而像這樣將 DAO 分類，可以提供我們基本的心智模型（Mental model），使得我們在接觸元宇宙中各種型態的 DAO 時，可以更正確地了解它們。

至目前為止，本書所介紹的 DAO 大致以先後順序來排序的話，最先登場的是贈與型 DAO，這時的社群成員之間還無法交易代幣。接著，注重社群代幣的發行及分配的協議型 DAO 登場。緊接著是與此相反，不注重代幣的發行與分配，而是將焦點放在使用者出資的資產要用於何處的投資型 DAO 誕生。除此之外，還誕生

了許多具有多樣特徵的 DAO，在這之中最新出現的（也是最令人振奮的）DAO 之一，是紮根於 NFT 世界的收藏型 DAO。隨著收藏型 DAO 的活躍，NFT 市場會有什麼樣的變化令人十分期待。

邁向代幣經濟

代幣以多樣化的面貌，推動 Web3.0 實現。網路自問世以來，經歷了急遽的變化。首先自 1990 年代開始至 2000 年代初期的 Web1.0，重點在於透過網站創造及普及「資訊」。2000 年代中期開始的 Web2.0，則是在 Web1.0 的基礎上加入社會要素，形成像是 Facebook、WeChat、Instagram 等各式各樣的數位社群，支援使用者之間活躍的社會交互作用（Social Interaction）。接著進入 2020 年代後開始的 Web3.0，則是在基於現有的資訊及社會基礎的網路上，加入個人所持有的金融要素，宣告了它華麗的開場。基於能確保不可更改的「公共帳本－區塊鏈」的新分權技術持續誕生，人們藉此重新確立個人的價值創造、分配及擴展的方式。此外，透過代幣，不知名的多數群眾也可以轉變為共享目標與理想的共同體，並促使我們去思考，在無形與有形的分界線上，可以如何創造且共享更有意義的價值。

迎上名為代幣經濟的強勁浪潮，世界正在改變。你現在走到哪裡了呢？

參考資料

第一部分

[1] https://async.art/music

[2] https://learn.fungyproof.com/

[3] https://niftygateway.com/collections/aokitudiscoopens

[4] https://kk.org/thetechnium/1000-true-fans/

[5] https://a16z.com/2020/02/06/100-true-fans/

[6] https://yoniassia.com/coloredbitcoin/

[7] https://bitcoil.co.il/BitcoinX.pdf

第二部分

[1] https://www.artnome.com/news/2018/1/14/what-is-cryptoart

[2] https://blog.ourzora.com/home/introducing-rac

[3] https://www.sedaily.com/NewsView/22M8A5XEGC

第三部分

[1] https://niftygateway.com/collections/beeple

[2] https://archillect.com/

[3] https://www.sothebys.com/en/digital-catalogues/the-fungible-collection-by-pak

第四部分

[1] https://www.joy.world/joys

■ 高寶書版集團
gobooks.com.tw

RI 358

NFT 大未來：理解非同質化貨幣的第一本書！概念、應用、交易與製作的全方位指南
NFT 레볼루션 : 현실과 메타버스를 넘나드는 새로운 경제 생태계의 탄생

作　　者	成素羅（성소라）、羅夫‧胡佛（Rolf Hoefer）、史考特‧麥勞克林（Scott McLaughlin）
譯　　者	黃莞婷、李于珊、宋佩芬、顏崇安
主　　編	吳珮旻
編　　輯	鄭淇丰
封面設計	林政嘉
內文編排	賴姵均
企　　劃	鍾惠鈞
版　　權	蕭以旻、張莎凌

發 行 人	朱凱蕾
出　　版	英屬維京群島商高寶國際有限公司台灣分公司
	Global Group Holdings, Ltd.
地　　址	台北市內湖區洲子街 88 號 3 樓
網　　址	gobooks.com.tw
電　　話	（02）27992788
電　　郵	readers@gobooks.com.tw（讀者服務部）
傳　　真	出版部（02）27990909　行銷部（02）27993088
郵政劃撥	19394552
戶　　名	英屬維京群島商高寶國際有限公司台灣分公司
發　　行	英屬維京群島商高寶國際有限公司台灣分公司
初版日期	2022 年 3 月

NFT REVOLUTION by Sorah Seong, Rolf Lorenz Hoefer, Scott McLaughlin

Copyright © 2021 Sorah Seong, Rolf Lorenz Hoefer, Scott McLaughlin

All rights reserved.

Original Korean edition published by Gilbut Publishing Co., Ltd., Seoul, Korea

Traditional Chinese Translation Copyright © 2022 by Global Group Holding Ltd.

This Traditional Chinese Language edition published by arranged with Gilbut Publishing Co., Ltd. through EYA

國家圖書館出版品預行編目（CIP）資料

NFT 大未來：理解非同質化貨幣的第一本書！概念、應用、
交易與製作的全方位指南 / 成素羅（성소라），羅夫‧胡佛
(Rolf Hoefer)，史考特‧麥勞克林 (Scott McLaughlin) 著
；黃莞婷，李于珊，宋佩芬，顏崇安譯 .-- 初版 .-- 臺北市：
英屬維京群島商高寶國際有限公司臺灣分公司, 2022.03
　　面；　　公分 .--（致富館；RI 358）

譯自：NFT 레볼루션 : 현실과 메타버스를 넘나드는 새
로운 경제 생태계의 탄생

ISBN 978-986-506-373-3（平裝）

1. 電子貨幣　2. 電子商務　3. 經濟預測

563.146　　　　　　　　　　　111002603